国家统计局国际统计信息中心
国家统计局广西调查总队 编
Compiled by International Statistical Information Center of NBS
Survey Office of NBS in Guangxi

中国—东盟国家统计手册 2012

Statistical Manual of China – ASEAN Countries 2012

广西人民出版社

图书在版编目（CIP）数据

中国—东盟国家统计手册. 2012 / 国家统计局国际统计信息中心，国家统计局广西调查总队编. —南宁：广西人民出版社，2012. 9

ISBN 978-7-219-08066-5

Ⅰ. ①中… Ⅱ. ①国… ②国… Ⅲ. ①社会经济统计—中国—2012—手册 ②东南亚国家联盟—社会经济统计—2012—手册 Ⅳ. ①C829. 2-62 ②C829. 33-62

中国版本图书馆CIP数据核字（2012）第 213963 号

责任编辑　赵彦红
印前制作　麦林书装

出版发行	广西人民出版社
社　　址	广西南宁市桂春路 6 号
邮　　编	530028
网　　址	http://www. gxpph. cn
印　　刷	中共广西壮族自治区委员会办公厅印刷厂
开　　本	880mm×1240mm　1/32
印　　张	3
字　　数	60 千字
版　　次	2012 年 9 月　第 1 版
印　　次	2012 年 9 月　第 1 次印刷
书　　号	ISBN 978-7-219-08066-5/F・998
定　　价	45. 00 元

《中国—东盟国家统计手册 2012》

顾问和编辑人员

顾　　问：马建堂

林念修　许宪春

主　　编：赵云城　邹伟忠

副 主 编：余芳东　闫海琪　何永东

梁开光　李建茂　杨锡虹

责任编辑：杨红军　邱洪刚　施先文

文　著

编辑人员：任小燕　郭义民　杨家亮

解明明　劳　青　李学文

成中文　吴福海

Statistical Manual of China - ASEAN Countries 2012

Counselor and Editorial Staff

Counselor: Ma Jiantang

Lin Nianxiu　Xu Xianchun

Editor-in-chief: Zhao Yuncheng　Zou Weizhong

Assistant Editor-in-chief:

Yu Fangdong　Lu Haiqi　He Yongdong

Liang Kaiguang　Li Jianmao　Yang Xihong

Executive Editor:

Yang Hongjun　Qiu Honggang

Shi Xianwen　Wen Zhu

Editorial Staff:

Ren Xiaoyan　Guo Yimin　Yang Jialiang

Xie Mingming　Lao Qing　Li Xuewen

Cheng Zhongwen　Wu Fuhai

编辑说明

中国—东盟博览会是由中国和东盟10国经贸主管部门及东盟秘书处共同主办，广西壮族自治区政府承办的国家级、国际性经贸交流盛会，每年在广西南宁举办。自2004年以来，已成功举办八届中国—东盟博览会、八届中国—东盟商务投资峰会，合作硕果累累。为帮助投资参展客商、社会各界人士加强对中国和东盟各国经济社会发展情况的了解，促进贸易、投资合作，国家统计局国际统计信息中心、国家统计局广西调查总队，从今年开始组织编印《中国—东盟国家统计手册 2012》(以下简称《手册》)。

一、《手册》编排采用图文表并茂的方式，收集中国—东盟各国家及日本、韩国主要经济社会发展指标及广西北部湾经济区（南宁、北海、钦州、防城港+崇左、玉林）主要经济指标，权威实用，内容丰富，使用方便，是社会各界了解中国和东盟各国国情，指导工作的重要参考工具书。

二、《手册》中有数据不足计量单位的，均用“…”表示；表示其中的主要项，均用“#”。

三、欢迎国内外广大读者对本《手册》提出宝贵意见和建议，以便我们进一步改进，不断完善，提高统计服务水平。

联系地址：北京西城区月坛南街75号，国家统计局国际统计信息中心；电话：010-68783926；电子邮箱：yanghj@gj.stats.cn。广西南宁市思贤路2号，国家统计局广西调查总队；联系电话：0771-5877647；电子邮箱：zdzhc@gx.stats.cn。

国家统计局国际统计信息中心

国家统计局广西调查总队

二〇一二年八月

Editor's Explanatory Notes

The China – ASEAN Expo (CAEXPO) is co-sponsored by China and the 10 ASEAN countries as well as the ASEAN Secretariat. The people's Government of Guangxi Zhuang Autonomous Region is the party to hold CAEXPO activities. The CAEXPO as the international forum aims at promoting reciprocal commodity trade is an annual event convened in Nanning, Guangxi, China. Since 2004, both the CAEXPO and China – ASEAN Business and Investment Summit have been successfully staged for 8 years in a row. Numerous significant achievements have been made over the past eight years. Aim at helping investors, exhibitors and trade visitors get a better understanding of economic and social development of China and ASEAN countries, thus to promote investment cooperation and commodity trade, the International Statistical Information Center of NBS and Survey Office of NBS in Guangxi decide to jointly compile the *Statistical Manual of China – ASEAN Countries* since 2012.

1. The illustrations (charts, graphs, and diagrams) is effectively and widely employed in the Manual to present the economic

and social indicators of 13 countries (China, 10 ASEAN countries, Japan, the Republic of Korea), along with a region named Guangxi Beibu Gulf Economic Zone (including Nanning, Beihai, Qinzhou, Fangchenggang, Yulin and Chongzuo). The Manual provides reliable, abundant and useful information, and is an indispensable reference for readers to gain a full knowledge about China and ASEAN countries.

2. …indicates less than the unit employed; # indicates main components.

3. Any questions or advices, please feel free to contact us.

Address: International Statistical Information Center of NBS, No. 75, Yuetan Nanjie, Sanlihe, Xicheng District, Beijing; Tel: 010-68783926; Mailbox: yanghj@gj.stats.cn.

Survey Offfice of NBS in Guangxi, No 2, Sixian Road, Nanning Guangxi; Tel: 0771-5877647; Mailbox: zdzhc@gx.stats.cn.

International Statistical Information Center of NBS

Survey Office of NBS in Guangxi

August, 2012

目　录

Contents

第一篇　中国—东盟国家主要经济指标
Main Economic Indicatiors of China – ASEAN Countries

第二篇 中国—东盟博览会基本情况
Basic Situation of the China – ASEAN EXPO

第三篇 广西北部湾经济区主要经济指标
Main Indicators of the Guangxi Beibu Gulf Economic Zone

序 言

1991年，中国同东盟建立对话关系，开启了中国与东盟关系的历史进程。20多年来，中国与东盟作为致力于和平与繁荣的战略伙伴，签署了中国与东盟全面经济合作框架协议，每年举办中国—东盟博览会，双方贸易投资增长迅速，合作领域不断拓宽，合作关系日益紧密，成为休戚相关、互利共赢的命运共同体。2010年，在中国和东盟双方的共同努力下，建成了中国—东盟自由贸易区，成为一个涵盖11个国家、19亿人口的巨大经济体。2011年，中国和东盟的货物贸易额达到23954亿美元，占世界货物贸易总额的16.5%，成为世界人口最多、发展中国家间最大的自由贸易区，堪称区域合作和南南合作的典范。目前，中国与东盟的合作领域涉及经济、贸易、文化、教育、旅游等众多领域。中国与东盟合作取得的辉煌成就，为增进本地区人民福祉，促进地区和平与发展作出了突出贡献，对亚洲乃至世界的进步产生了积极而深远的影响。

中国和东盟国家在地理上山水相连，息息相关，相互间有着悠久的传统友谊；在资源禀赋上各具优势，产业结构各有特点，互补性强；在国际事务方面有着广泛的共同语言和共同利益，对经济发展有稳定和增长的共同愿望。双方的务实合作拥有扎实基础，潜力巨大，前景广阔。为了方便国内外人士全面深入了解中国与东盟国家的经济社会发展信息，促进中国与东盟各国之间的交往与贸易，国家统计局国际统计信息中心和广西调查总队在2012年第九届中国—东盟博览会召开之际，联合推出《中国—东盟国家统计手册 2012》。手册从人口和就业、国民经济核算、价格、对外经济贸易、企业营运环境、旅游、运输、农业等方面，通过中国、日本、韩国、东盟10国为主体的东亚10+3经济体诸多经济指标的对比，直观反映了各国经济社会发展状况，全方位展示了各国发展优势，多角度呈现了中国与东盟经贸合作的丰硕成果。

手册的编辑出版，进一步丰富了政府统计服务产品种类，拓展了政府统计服务领域，创新了政府统计服务方式，对于满足各级政府和社会各界进行贸易投资活动、经贸合作和管理决策，进一步挖掘中国与东盟之间经贸合作潜力、拓宽合作空间、促进共同发展，具有重要的借鉴和指导意义。

中国国家统计局局长 马建堂

二〇一二年八月二十三日

Preface

The dialogue relationship between China and the Association of Southeast Asian Nations (ASEAN), started in 1991, have opened a historical process of their relations. In the past over 20 years, being engaged in developing the strategic partnerships for peace and prosperity, China and ASEAN have signed the Framework Agreement on Comprehensive Economic Cooperation Between China and ASEAN. The China – ASEAN Expo conducted every year leads to a rapid increases of mutual trade and investment, wider and closer cooperation. Now, China and ASEAN become a community sharing mutual benefits and win–win relations. In 2010, with the common efforts, China and ASEAN Free Trade Area was established with a coverage of 11 countries and a giant economy of 1.9 billion people. In 2011, the value of goods traded between China and ASEAN amounted to US$ 2395.4 billion, accounting for 16.5% of the world total. The China and ASEAN Free Trade Area with the world largest population and between developing countries set a typical example for the regional and the South–South collaborations. At present, the cooperation between China and ASEAN covers many fields, such as economy, trade, culture, education and tourism, etc. The glorious performance achieved by China and ASEAN has made prominent contributions to the regional peace and peoples' happiness and has been making an active and significant impact on the progress of the Asia and the world.

China and ASEAN with joining mountains and rivers share a long and traditional friendship. They are mutually supplemented with their own advantages of resources heritage and their own features of industrial structure. They have their common wishes of stability and growth in economic development and share the same sound and mutual interests in the international affairs. Based on the solid foundation, the cooperation between China and ASEAN has a bright perspective and potential. To let the readers both at home and abroad understand more economic and social development information about China and ASEAN, and promote the relations and trade among China and ASEAN countries, the International Statistical Information Centre of the National Bureau of Statistics of China in collaboration with the Survey Office of the National Bureau of Statistics of China in Guangxi Autonomous Regioncompiled Handbook of National Statistics of China and ASEAN during the 9th China and ASEAN Expo. The Handbook makes a comparison of various economic indicators of the 10 plus 3 economies, i.e., 10 ASEAN countries plus China, Japan, The Republic of Korea in the fields of population and employment, national accounts, price index, foreign trade, business operational environment, tourism, transportation and agriculture. It reflects the present conditions of economic and social development, presents the advantages of development from various angles for these countries, and shows the great achievements from the economic and trade cooperation between China and ASEAN countries.

The publication of the Handbook will further enrich the products and extend the services of official statistics. It plays a significant role of reference and guideline in undertaking trade and investment activities, cooperation, administration and decision-making by governments and social communities, and mining the potential economic and trade collaborations and promoting common development of China and ASEAN.

Ma Jiantang

Commissioner

National Bureau of Statistics of China

东盟国家经济发展状况分析

Economic Development of ASEAN Countries

受国际金融危机和世界经济复苏乏力的影响，2011 年东盟一些国家经济增长放缓，但货物进出口贸易规模不断扩大，外商直接投资大幅增加，居民生活水平持续提高。2012 年东盟国家经济继续保持良好的发展势头。东盟除新加坡、文莱之外，多数国家经济社会发展水平相对较低，未来发展任重道远。

一、2011 年东盟国家经济基本情况

（一）经济增长大幅放缓

2011 年，在欧债危机持续蔓延、全球经济低迷以及洪水灾害等不利因素冲击下，东盟国家经济增长放缓。在中国及印度经济良好发展、与东盟国家的对外贸易规模扩大带动下，东盟国家经济总体上依然保持平稳发展态势。

2011 年，东盟有 4 个国家的GDP 增长率高于上年，它们是老挝（8.3%）、印度尼西亚（6.5%）、柬埔寨（6.1%）和缅甸（5.5%）；而其他 6 个国家的经济增长势头明显减缓，增长率低

于上年。其中，马来西亚从2010年的7.2%降到2011年的5.1%，菲律宾从7.6%降到3.9%，新加坡从14.5%降到4.9%。泰国受洪灾和政治动荡的影响经济下降幅度较大，由2010年7.8%下降到0.1%。

（二）货物进出口保持较快增长

2011年，尽管全球贸易低速增长，贸易环境持续恶化，但东盟国家货物贸易仍保持了较快增长，进出口总额达到23955亿美元，比2010年增长19.5%，其中出口总额为12439亿美元，比上年增长18.2%，进口总额为11516亿美元，比上年增长20.8%。

除菲律宾外，其他东盟国家的进出口都保持了两位数的增长速度。其中，柬埔寨增长最快，2011年出口额和进口额分别比上年增长37.3%和36.8%，贸易逆差降至23亿美元，降幅为35.5%。

2011年，东盟国家中新加坡的货物进出口规模最大，为7753亿美元，比上年增长17.0%，贸易顺差继续扩大，达到437亿美元。

受日本海啸地震的影响，菲律宾的主要出口产品——机电设备出口大幅减少；泰国出口额仅为480亿美元，比上年下降6.8%，而进口额为640亿美元，比上年增长9.4%，贸易逆差达到160亿美元。

（三）外商直接投资大幅增加

2010年，东盟国家外商直接投资总额为791.2亿美元，比2009年增长108.5%。除菲律宾外，其他东盟国家的外商直接投资都大幅增加，其中，马来西亚增长最快，2010年达到91亿美元，是2009年的6.4倍。

（四）多数国家外汇储备有所增加

由于出口形势较好，外资流入增加，2011年东盟大多数国家外汇储备有所增长。其中，文莱增长最快，2011年文莱外汇储备为21亿美元，比上年增长75.0%；马来西亚和菲律宾紧随其后，2011年底外汇储备分别为1290亿美元和657亿美元，比上年增长26.1%和21.7%。

（五）居民生活水平持续提高

由于国内整体经济形势平稳，东盟国家人均GDP都有所增长，人民生活水平持续改善，中等偏下及低收入国家人均GDP增速较快，其中印度尼西亚、越南、老挝和柬埔寨等国家都接近或超过5%。根据联合国开发计划署的测算结果，这些国家的人文发展指数也在稳步提高，2011年缅甸、柬埔寨、老挝的人文发展指数分别比2010年提高了7.1%、5.9%和5.4%。

东盟国家在经济社会较快发展的同时，也存在着一些共同的问题：

一是人均GDP水平较低。东盟国家中，除新加坡、文莱的人均GDP达到高收入国家水平外，大多数国家都还处在较低水平。2011年，缅甸和柬埔寨的人均GDP分别仅为832美元和852美元，老挝和越南也仅为1204和1374美元，经济发展任务繁重。

二是通货膨胀压力仍然较大。由于国际原油价格和其他大宗商品价格持续高位运行，2011年东盟国家通货膨胀形势严峻，消费价格指数持续上升。2011年，越南的通胀率达到18.7%，老挝达到7.6%，柬埔寨、印度尼西亚、新加坡、缅甸的通胀率均在5%以上。

二、2012年东盟国家经济发展势头良好

2012年，全球金融动荡不稳，世界经济增长低迷，面临的外部环境依然复杂严峻，但东盟各国政府采取扩张性的刺激措施，扩大公共基础建设投资和私人投资，以支撑经济增长。上半年，东盟国家经济保持良好发展势头。

（一）经济增长速度加快

2012年以来，为应对外部环境的冲击，东盟国家采取积极的财政政策和宽松的货币政策，扩大内需，经济增长步伐加快。一、二季度，印度尼西亚经济同比增长率分别为6.3%和6.4%，马来西亚分别为4.9%、5.4%，泰国分别为0.4%和4.2%，增速明显加快。据英国共识公司预计，2012年，印度尼西亚、马来西亚、菲律宾、新加坡、泰国5个东盟主要国家经济平均增长4.6%，高于上年的4.1%。其中，泰国洪灾地区的重建和财政刺激计划将会使经济增长从2011年的0.1%恢复至2012年的5.1%；菲律宾GDP增长率将达到4.9%，比2011年提高了1个百分点，穆迪评级将菲律宾的主权评级从Ba3提高到Ba2，投资前景趋好；印度尼西亚经济增长率将达到6.0%，略低于上年的6.5%；马来西亚GDP增长率将达到4.3%，略低于上年的5.1%；新加坡经济增速放缓，从2011年的4.9%下降到2012年的2.5%。总体上，2012年东盟国家

经济保持平稳较快增长。

（二）通胀压力明显缓解

2012年，东盟主要国家消费者价格指数与上年相比涨幅均有所回落。据英国共识公司预计，2012年菲律宾CPI同比上涨3.3%，涨幅比上年回落了1.4个百分点；马来西亚CPI上涨2.1%，回落1.1个百分点；印度尼西亚、新加坡、泰国同比涨幅分别为4.5%、4.4%和3.1%，比上年回落0.9、0.8和0.7个百分点。东盟国家通货膨胀压力明显缓解。

（三）出口大幅度减少

今年以来，受欧债危机恶化和美国经济减速的影响，外需严重不足，东盟主要国家出口大幅减少。2012年4—6月份印度尼西亚出口连续3个月下降，由1—3月份的贸易顺差转为贸易逆差，其中6月份贸易逆差达13.2亿美元。

由于出口大幅减少，东盟国家经常项目顺差明显缩小。据英国共识公司预计，2012年印度尼西亚经常项目差额将从2011年的17亿美元顺差，变为2012年86亿美元的逆差；泰国经常项目顺差从118亿美元，缩小到2012年32亿美元；新加坡由570亿美元缩小到463亿美元；马来西亚从317亿美元缩小到291亿美元。

在全球经济增长放缓有可能长期持续的情况下，东盟国家开始重新考虑自己的政策选择，并将宏观调控的重点从抑制通货膨胀和应对过度资本流入转移到保持经济增长上。一些国家开始实施经济刺激政策，央行开始下调利率，并随时采取应对措施行动。从短期看，各国政府将面临着如何在刺激经济增长与防范全球不确定性的影响之间寻求平衡点。全球经济增长放缓也给东盟国家政府重新聚焦结构性改革的机会，以推动中长期的经济发展。因此，如何适时调整宏观经济政策的重心，实施应对国内经济放缓的宏观政策和结构调整，减少因短期内政策调整而出现的非预期性失误，这将考验东盟各国政府的调控能力。

三、中国与东盟国家贸易和投资规模不断扩大

自1991年中国与东盟建立对话关系以来，双方合作领域不断拓展，贸易和投资增长迅速，规模不断扩大。2011年，中国与东盟之间货物进出口贸易额为3628.5亿美元，同比增长23.9%，占中国货物进出口贸易总额的10%。其中，中国对东盟的货物出口为1701亿美元，同比增长23%，占我国货物出口总额的9.7%，是仅次于美国、欧盟的我国第三大出口地区。中国对东盟的货物进口为1928亿美元，同比增长24.6%，占我国货物进口总额的11%，是仅次于欧盟的我国第二大进口地区。

东盟是我国主要对外投资地区。2010年，中国对东盟10国的投资流量为44.05亿美元，同比增长63.2%。

第一篇

中国—东盟国家主要经济指标

Main Economic Indicatiors of China – ASEAN Countries

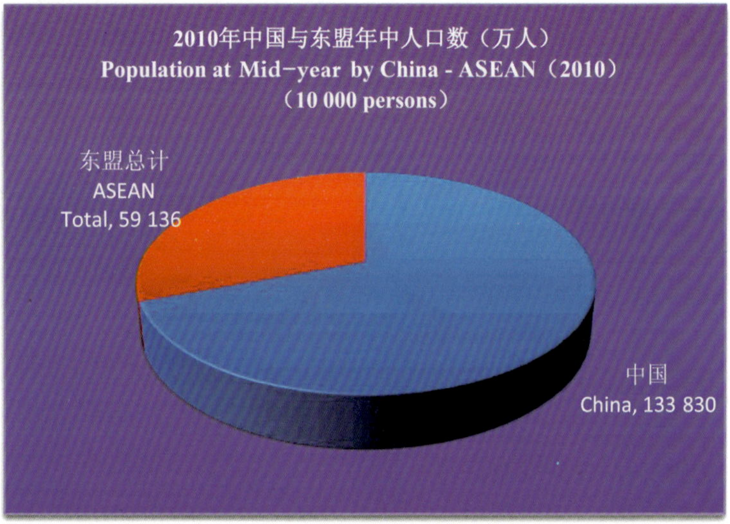
2010年中国与东盟年中人口数（万人）
Population at Mid-year by China - ASEAN（2010）
（10 000 persons）
东盟总计
ASEAN
Total, 59 136
中国
China, 133 830

2008—2011年中国与东盟国内生产总值（亿美元）
China and ASEAN GDP（2008-2011）
（100 million USD）
45199.5
15216.84
49905.3
15046.17
59303.9
18710.78
72981.5
21539.19
2008
2009
2010
2011
中国 China
东盟总计 ASEAN Total

2008—2011年中国与东盟出口贸易总额（亿美元）
China and ASEAN Exports（2008-2011）
（100 million USD）
14307
7904
12016
6565
15778
8534
18986
10169
2008
2009
2010
2011
中国 China
东盟总计 ASEAN Total

2008—2011年中国与东盟进口贸易总额（亿美元）
China and ASEAN Imports（2008-2011）
（100 million USD）
11326
9393
10059
7270
13951
9531
17435
11516
2008
2009
2010
2011
中国 China
东盟总计 ASEAN Total

一、人口与就业 >>>
Population and Employment

表1-1 国土面积和年中人口
Country Area and Mid-year Population

资料来源：世界银行WDI数据库。
Source：World Bank WDI Database.

国家和地区	Country or Area	国土面积（万平方公里）Country Area（10 000 sq.km）	年中人口（万人）Mid-year Population（10 000 persons）	
		2010	2009	2010
中国	China	960.0	133138.0	133830.0
日本	Japan	37.8	12755.8	12745.1
韩国	Korea, Rep.	10.0	4874.7	4887.5
菲律宾	Philippines	30.0	9170.3	9326.1
马来西亚	Malaysia	33.1	2794.9	2840.1
泰国	Thailand	51.3	6870.6	6912.2
新加坡	Singapore	0.1	498.8	507.7
印度尼西亚	Indonesia	190.5	23741.5	23987.0
文莱	Brunei Darussalam	0.6	39.2	39.9
越南	Viet Nam	33.1	8602.5	8692.8
缅甸	Myanmar	67.7	4760.1	4796.3
老挝	Laos	23.7	611.2	620.1
柬埔寨	Cambodia	18.1	1397.8	1413.9
东盟总计	**ASEAN**	**448.0**	**58486.9**	**59136.1**

表1-2 人口密度和城市人口
Population Density and Urban Population

资料来源：世界银行WDI数据库。

Source：World Bank WDI Database.

国家和地区	Country or Area	人口密度（人/平方公里）Population Density（persons/sq.km）		城市人口（万人）Urban Population（10 000 persons）	
		2009	2010	2009	2010
中　　国	China	142.7	143.5	58580.7	60068.3
日　　本	Japan	350.0	349.7	8500.5	8513.7
韩　　国	Korea, Rep.	502.0	503.4	4017.2	4046.7
菲 律 宾	Philippines	307.6	312.8	6021.2	6192.5
马来西亚	Malaysia	85.1	86.4	1992.2	2050.6
泰　　国	Thailand	134.5	135.3	2312.7	2350.2
新 加 坡	Singapore	7125.1	7252.9	498.8	507.7
印度尼西亚	Indonesia	131.1	132.4	12483.3	12881.1
文　　莱	Brunei Darussalam	74.4	75.7	29.5	30.2
越　　南	Viet Nam	277.4	280.4	2436.2	2503.5
缅　　甸	Myanmar	72.8	73.4	1582.3	1626.0
老　　挝	Laos	26.5	26.9	195.8	205.9
柬 埔 寨	Cambodia	79.2	80.1	310.0	322.4
东盟总计	**ASEAN**			**27862.0**	**28669.9**

表1–3 预期寿命和成人识字率

Life Expectancy at Birth and Adult Literacy Rate

资料来源：世界银行WDI数据库、联合国开发计划署《人文发展报告》。
Source：World Bank WDI Database,UNDP Human Development Report.

国家和地区	Country or Area	出生时预期寿命（岁）Life expectancy at birth（years）		成人识字率（%）Adult literacy rate（%）	
		2009	2010	2009	2010
中国	China	73.1	73.3	93.9	94.2
日本	Japan	82.9	82.9		
韩国	Korea, Rep.	80.3	80.8		
菲律宾	Philippines	68.2	68.5	93.6	93.7
马来西亚	Malaysia	73.8	74.0	92.6	92.9
泰国	Thailand	73.8	73.9	94.5	94.7
新加坡	Singapore	81.2	81.6	94.9	95.2
印度尼西亚	Indonesia	68.5	68.9	92.0	92.0
文莱	Brunei Darussalam	77.8	77.9	95.4	95.7
越南	Viet Nam	74.6	74.8	90.3	90.3
缅甸	Myanmar	64.2	64.7	89.9	89.9
老挝	Laos	66.7	67.1	72.7	72.7
柬埔寨	Cambodia	62.1	62.5	77.7	78.3

表 1-4 劳动力人口

Labor Force

资料来源：世界银行WDI数据库。

Source：World Bank WDI Database.

国家和地区	Country or Area	劳动力人口（万人） Total Labor Force（10 000 persons）			
		2007	2008	2009	2010
中　　国	China	78245.5	78679.5	79388.0	79982.5
日　　本	Japan	6689.6	6670.7	6647.3	6669.7
韩　　国	Korea, Rep.	2437.6	2437.9	2433.0	2462.9
菲 律 宾	Philippines	3562.5	3672.3	3779.2	3871.3
马来西亚	Malaysia	1135.1	1154.9	1174.8	1197.0
泰　　国	Thailand	3882.1	3912.0	3863.8	3938.4
新 加 坡	Singapore	245.8	262.5	271.9	280.5
印度尼西亚	Indonesia	11273.8	11432.5	11640.7	11796.2
文　　莱	Brunei Darussalam	18.3	18.7	19.1	19.5
越　　南	Viet Nam	4831.9	4928.8	5019.0	5113.8
缅　　甸	Myanmar	2675.5	2718.2	2758.6	2796.2
老　　挝	Laos	292.0	300.2	308.4	316.8
柬 埔 寨	Cambodia	738.3	760.8	779.3	797.2
东盟总计	**ASEAN**	**28655.2**	**29160.9**	**29614.8**	**30126.8**

表1–5 劳动参与率

Labor Force Participation Rate

资料来源：世界银行WDI数据库。

Source：World Bank WDI Database.

国家和地区	Country or Area	劳动参与率（%） Labor Force Participation Rate（%）			
		2007	2008	2009	2010
中　　国	China	74.9	74.5	74.4	74.2
日　　本	Japan	60.6	60.4	60.2	60.4
韩　　国	Korea, Rep.	61.4	60.8	60.1	60.3
菲 律 宾	Philippines	63.3	63.8	64.2	64.3
马来西亚	Malaysia	61.3	61.0	60.7	60.5
泰　　国	Thailand	73.1	72.8	71.1	71.7
新 加 坡	Singapore	65.9	66.4	66.4	66.9
印度尼西亚	Indonesia	67.4	67.3	67.5	67.4
文　　莱	Brunei Darussalam	66.7	66.6	66.4	66.3
越　　南	Viet Nam	77.1	77.0	76.9	77.0
缅　　甸	Myanmar	78.1	78.3	78.4	78.4
老　　挝	Laos	78.5	78.3	78.1	78.0
柬 埔 寨	Cambodia	82.4	82.8	82.8	82.8

表1-6 就业人数

Employment

资料来源：世界银行WDI数据库、国际货币基金组织IFS数据库。

Source：World Bank WDI Database，IMF IFS Database.

国家和地区	Country or Area	就业人数（万人） Employment（10 000 persons）			
		2008	2009	2010	2011
中　　国	China	75564.0	75828.0	76105.0	76420.0
日　　本	Japan	6385.1	6281.8	6256.7	6244.3
韩　　国	Korea, Rep.	2357.7	2350.6	2382.9	2424.4
菲 律 宾	Philippines	3408.9	3506.1	3603.5	3719.2
马来西亚	Malaysia	1071.5	1102.0	1129.1	1222.0
泰　　国	Thailand	3701.7	3770.6	3803.7	3847.0
新 加 坡	Singapore	289.1	295.9	306.3	317.8
印度尼西亚	Indonesia	10448.5	10740.6	10820.8	10967.0
文　　莱	Brunei Darussalam	18.2	18.8	19.4	
越　　南	Viet Nam	4646.1	4774.3		
缅　　甸	Myanmar				
老　　挝	Laos				
柬 埔 寨	Cambodia				

表 1–7 失业人数

Unemployment

资料来源：国际货币基金组织IFS数据库。

Source：IMF IFS Database.

国家和地区	Country or Area	失业人数（万人） Unemployment（10 000 persons）			
		2008	2009	2010	2011
中　　国	China	886.0	921.0	908.0	
日　　本	Japan	265.0	335.6	333.6	300.3
韩　　国	Korea, Rep.	76.9	88.9	92.0	85.5
菲 律 宾	Philippines	271.6	283.1	285.9	281.4
马来西亚	Malaysia	36.2	41.4	38.4	38.9
泰　　国	Thailand	51.4	57.1	40.3	25.4
新 加 坡	Singapore	0.5	1.2	0.8	
印度尼西亚	Indonesia	925.9	859.2	832.0	770.0
文　　莱	Brunei Darussalam	0.7	0.7	0.5	
越　　南	Viet Nam				
缅　　甸	Myanmar	13.8			
老　　挝	Laos				
柬 埔 寨	Cambodia	11.4			

表1-8 失业率

Unemployment Rate

资料来源：国际货币基金组织IFS数据库。

Source：IMF IFS Database.

国家和地区	Country or Area	失业率（%） Unemployment Rate（%）			
		2008	2009	2010	2011
中　　国	China	4.1	4.3	4.1	4.1
日　　本	Japan	4.0	5.1	5.1	4.6
韩　　国	Korea, Rep.	3.2	3.6	3.7	3.4
菲 律 宾	Philippines	7.4	7.5	7.3	7.0
马来西亚	Malaysia	3.3	3.6	3.3	3.1
泰　　国	Thailand	1.4	1.5	1.1	0.7
新 加 坡	Singapore	3.2	4.3	3.1	
印度尼西亚	Indonesia	8.4	7.9		
文　　莱	Brunei Darussalam	3.7	3.5	2.7	
越　　南	Viet Nam	4.7	4.6		
缅　　甸	Myanmar	4.0			
老　　挝	Laos				
柬 埔 寨	Cambodia	1.6			

二、国民经济核算 〉〉〉
National Accounts

表2-1 国内生产总值
Gross Domestic Product

资料来源：国际货币基金组织WEO数据库。
Source：IMF WEO Database.

国家和地区	Country or Area	国内生产总值（亿美元） Gross Domestic Product（100 million USD）			
		2008	2009	2010	2011
中　　国	China	45199.5	49905.3	59303.9	72981.5
日　　本	Japan	48491.8	50351.4	54884.2	58694.7
韩　　国	Korea, Rep.	9314.1	8340.6	10148.9	11162.5
菲 律 宾	Philippines	1736.0	1684.9	1995.9	2131.3
马来西亚	Malaysia	2228.3	1929.4	2378.0	2786.8
泰　　国	Thailand	2725.8	2637.1	3189.1	3456.5
新 加 坡	Singapore	1899.6	1856.4	2273.8	2598.5
印度尼西亚	Indonesia	5109.6	5387.0	7083.5	8456.8
文　　莱	Brunei Darussalam	144.2	107.3	123.7	155.3
越　　南	Viet Nam	903.0	931.7	1035.8	1227.2
缅　　甸	Myanmar	313.7	352.3	453.8	519.3
老　　挝	Laos	53.1	56.0	64.6	78.9
柬 埔 寨	Cambodia	103.5	104.1	112.6	128.6
东盟总计	**ASEAN**	**15216.8**	**15046.2**	**18710.8**	**21539.2**

表2-2 国内生产总值增长率

Growth Rate of GDP

资料来源：国际货币基金组织WEO数据库。

Source：IMF WEO Database.

国家和地区	Country or Area	国内生产总值增长率（%） Growth Rate of GDP（%）			
		2008	2009	2010	2011
中　国	China	9.6	9.2	10.5	9.2
日　本	Japan	-1.0	-5.5	4.4	-0.8
韩　国	Korea, Rep.	2.3	0.3	6.3	3.6
菲律宾	Philippines	4.2	1.2	7.6	3.7
马来西亚	Malaysia	4.8	-1.6	7.2	5.1
泰　国	Thailand	2.6	-2.4	7.8	0.1
新加坡	Singapore	1.7	-1.0	14.8	4.9
印度尼西亚	Indonesia	6.0	4.6	6.2	6.5
文　莱	Brunei Darussalam	-1.9	-1.8	2.6	1.9
越　南	Viet Nam	6.3	5.3	6.8	5.9
缅　甸	Myanmar	3.6	5.1	5.4	5.5
老　挝	Laos	7.8	7.6	7.9	8.3
柬埔寨	Cambodia	6.7	0.1	6.0	6.1

表2-3 人均国内生产总值

GDP per Capita

资料来源：国际货币基金组织WEO数据库。

Source：IMF WEO Database.

国家和地区	Country or Area	人均国内生产总值（美元） GDP per Capita（USD）			
		2008	2009	2010	2011
中　　国	China	3403.5	3739.0	4421.0	5413.6
日　　本	Japan	37975.5	39475.6	43014.6	45920.3
韩　　国	Korea, Rep.	19162.0	17110.1	20764.6	22777.9
菲 律 宾	Philippines	1918.3	1827.4	2123.1	2223.4
马来西亚	Malaysia	8090.8	6916.7	8417.6	9699.7
泰　　国	Thailand	4300.0	4151.3	4992.4	5394.4
新 加 坡	Singapore	38087.2	36566.6	43864.7	49270.9
印度尼西亚	Indonesia	2211.9	2299.2	2980.8	3508.6
文　　莱	Brunei Darussalam	36223.2	26423.1	29851.8	36583.8
越　　南	Viet Nam	1047.9	1068.3	1173.6	1374.0
缅　　甸	Myanmar	533.5	587.3	741.7	831.9
老　　挝	Laos	856.2	885.7	1003.7	1203.6
柬 埔 寨	Cambodia	710.9	703.4	752.7	851.5

表2-4 人均国内生产总值增长率

Growth Rate of GDP per Capita

资料来源：世界银行WDI数据库。

Source：World Bank WDI Database.

国家和地区	Country or Area	人均国内生产总值增长率（%）Growth Rate of GDP per Capita（%）			
		2008	2009	2010	2011
中　国	China	9.0	8.7	9.9	8.6
日　本	Japan	-1.0	-5.4	4.5	-1.0
韩　国	Korea, Rep.	1.6	-0.2	5.8	2.9
菲律宾	Philippines	2.4	-0.5	5.8	2.0
马来西亚	Malaysia	3.1	-3.2	5.5	3.5
泰　国	Thailand	1.8	-3.0	7.2	-0.5
新加坡	Singapore	-3.6	-3.9	12.8	2.7
印度尼西亚	Indonesia	4.9	3.5	5.1	5.4
文　莱	Brunei Darussalam	-3.8	-3.6	0.8	
越　南	Viet Nam	5.2	4.2	5.7	4.8
缅　甸	Myanmar	9.5	9.8	9.6	
老　挝	Laos	6.2	5.9	7.0	6.5
柬埔寨	Cambodia	5.5	-1.0	4.8	5.7

表2-5 农业增加值占国内生产总值比重

Primary Industry as Percentage of GDP

资料来源：世界银行WDI数据库。

Source：World Bank WDI Database.

国家和地区	Country or Area	农业增加值占国内生产总值比重（%）Primary Industry as Percentage of GDP（%）			
		2007	2008	2009	2010
中　　国	China	10.8	10.7	10.3	10.1
日　　本	Japan	1.4	1.4	1.4	
韩　　国	Korea, Rep.	2.9	2.7	2.8	2.6
菲 律 宾	Philippines	12.5	13.2	13.1	12.3
马来西亚	Malaysia	10.1	10.2	9.5	10.6
泰　　国	Thailand	10.7	11.6	11.5	12.4
新 加 坡	Singapore	…	…	…	…
印度尼西亚	Indonesia	13.7	14.5	15.3	15.3
文　　莱	Brunei Darussalam	0.7	0.6		
越　　南	Viet Nam	20.4	22.2	20.9	20.6
缅　　甸	Myanmar	43.3	40.3	38.1	36.4
老　　挝	Laos	35.9	34.9	35.2	33.0
柬 埔 寨	Cambodia	31.9	34.9	35.7	36.0

表2-6 工业增加值占国内生产总值比重

Secondary Industry as Percentage of GDP

资料来源：世界银行WDI数据库。

Source：World Bank WDI Database.

国家和地区	Country or Area	工业增加值占国内生产总值比重（%） Secondary Industry as Percentage of GDP（%）			
		2007	2008	2009	2010
中　国	China	47.3	47.5	46.2	46.8
日　本	Japan	29.4	28.3	26.7	
韩　国	Korea, Rep.	37.1	36.5	36.8	39.3
菲律宾	Philippines	33.1	32.9	31.7	32.6
马来西亚	Malaysia	47.5	47.9	43.8	44.4
泰　国	Thailand	44.7	44.1	43.3	44.7
新加坡	Singapore	28.9	26.7	28.3	28.3
印度尼西亚	Indonesia	46.8	48.1	47.7	47.1
文　莱	Brunei Darussalam	71.3	74.1		
越　南	Viet Nam	41.5	39.8	40.2	41.1
缅　甸	Myanmar	20.4	22.7	24.6	26.0
老　挝	Laos	26.6	27.7	25.5	30.2
柬埔寨	Cambodia	26.8	23.8	23.1	23.3

表2-7 服务业增加值占国内生产总值比重

Tertiary Industry as Percentage of GDP

资料来源：世界银行WDI数据库。

Source：World Bank WDI Database.

国家和地区	Country or Area	服务业增加值占国内生产总值比重（%） Tertiary Industry as Percentage of GDP（%）			
		2007	2008	2009	2010
中 国	China	41.9	41.8	43.4	43.1
日 本	Japan	69.1	70.2	71.9	
韩 国	Korea, Rep.	60.0	60.8	60.5	58.2
菲律宾	Philippines	54.5	53.9	55.2	55.1
马来西亚	Malaysia	42.4	41.9	46.7	45.0
泰 国	Thailand	44.6	44.4	45.2	43.0
新加坡	Singapore	71.0	73.3	71.6	71.7
印度尼西亚	Indonesia	39.5	37.5	37.0	37.6
文 莱	Brunei Darussalam	28.0	25.3		
越 南	Viet Nam	38.2	38.0	38.9	38.3
缅 甸	Myanmar	36.3	37.1	37.4	37.6
老 挝	Laos	37.5	37.4	39.3	36.8
柬埔寨	Cambodia	41.3	41.3	41.3	40.7

表2-8 国内生产总值缩减指数

Gross Domestic Product Deflator

资料来源：国际货币基金组织IFS数据库。

Source：IMF IFS Database.

2005年=100 (2005=100)

国家和地区	Country or Area	国内生产总值缩减指数 Gross Domestic Product Deflator			
		2008	2009	2010	2011
中　　国	China	119.3	120.2	126.7	
日　　本	Japan	96.4	96.7	95.0	
韩　　国	Korea, Rep.	104.9	108.5	112.4	114.4
菲 律 宾	Philippines	116.4	119.6	124.6	129.9
马来西亚	Malaysia	120.3	112.0	117.7	124.6
泰　　国	Thailand	112.6	114.7	118.9	124.0
新 加 坡	Singapore	106.9	108.5	108.5	109.1
印度尼西亚	Indonesia	150.0	162.4	175.6	190.3
文　　莱	Brunei Darussalam	125.4	97.7	102.9	122.8
越　　南	Viet Nam	141.8	150.4	168.2	
缅　　甸	Myanmar				
老　　挝	Laos	118.0	112.7	117.9	125.9
柬 埔 寨	Cambodia	125.1	128.3	129.2	

表2-9 居民消费率

Household Final Consumption Rate

资料来源：世界银行WDI数据库。

Source：World Bank WDI Database.

国家和地区	Country or Area	居民消费率（%）Household Final Consumption Rate（%）			
		2007	2008	2009	2010
中　　国	China	36.0	34.9	33.9	34.9
日　　本	Japan	56.7	57.8	59.4	58.6
韩　　国	Korea, Rep.	54.4	54.7	54.0	52.7
菲 律 宾	Philippines	73.5	74.3	74.7	71.6
马来西亚	Malaysia	45.6	45.2	49.9	48.0
泰　　国	Thailand	53.0	56.0	54.8	53.7
新 加 坡	Singapore	37.0	38.1	39.3	37.4
印度尼西亚	Indonesia	62.7	62.7	56.6	56.8
文　　莱	Brunei Darussalam	24.4	18.5		
越　　南	Viet Nam	66.7	69.4	65.9	64.9
缅　　甸	Myanmar				
老　　挝	Laos	75.0	75.8	70.8	69.3
柬 埔 寨	Cambodia	80.7	78.0	79.2	81.7

三、价格指数 ›››
Price Indices

表3-1 居民消费价格指数
Consumer Price Indices

资料来源：联合国ILO数据库。
Source：ILO Database.

2000年=100 (2000=100)

国家和地区 Country or Area		居民消费价格指数 Consumer Price Indices			
		2007	2008	2009	2010
中　　国	China	113.7	120.4	119.6	123.5
日　　本	Japan	98.1	99.5	98.1	97.4
韩　　国	Korea, Rep.	104.8	109.7	112.8	116.1
菲 律 宾	Philippines	141.8	155.0	160.0	166.1
马来西亚	Malaysia	115.3	121.5	122.3	124.4
泰　　国	Thailand	119.6	126.1	125.0	129.2
新 加 坡	Singapore	106.4	113.4	113.6	116.8
印度尼西亚	Indonesia	187.8	207.2	216.1	227.2
文　　莱	Brunei Darussalam	101.0	103.8	104.7	105.1
越　　南	Viet Nam	143.8	177.0	188.9	
缅　　甸	Myanmar	481.3	610.3	515.3	555.1
老　　挝	Laos	182.0	195.9	195.9	207.6
柬 埔 寨	Cambodia	126.5	151.4	159.0	165.4

表3-2 食品消费价格指数

Food Consumption Price Indices

资料来源：联合国ILO数据库。

Source：ILO Database.

2000年=100 (2000=100)

国家和地区	Country or Area	食品消费价格指数 Food Consumption Price Indices 2007	2008	2009	2010
中　　国	China	133.7	152.8	153.9	165.2
日　　本	Japan	99.2	101.7	101.9	101.6
韩　　国	Korea, Rep.	103.0	108.2	116.3	123.8
菲 律 宾	Philippines	134.9	152.3	161.1	166.1
马来西亚	Malaysia	115.9	126.1	131.4	134.5
泰　　国	Thailand	125.0	139.4	145.6	153.5
新 加 坡	Singapore	109.4	117.8	120.5	122.1
印度尼西亚	Indonesia	180.4	210.9	225.7	247.0
文　　莱	Brunei Darussalam	104.7	109.9	111.6	112.7
越　　南	Viet Nam	161.7	221.4	239.9	
缅　　甸	Myanmar	493.9	638.3	524.0	562.0
老　　挝	Laos	190.0	210.7	214.7	231.3
柬 埔 寨	Cambodia	136.6	100.0	64.1	104.0

表3-3 农业生产指数

Agriculture Production Indices

资料来源：联合国FAO数据库。

Source：FAO Database.

2004–2006年=100 （2004–2006=100）

国家和地区	Country or Area	农业生产指数 Agriculture Production Indices			
		2007	2008	2009	2010
中　　国	China	106.0	112.1	114.8	114.3
日　　本	Japan	100.6	101.0	99.2	96.4
韩　　国	Korea, Rep.	101.5	105.3	107.8	100.6
菲 律 宾	Philippines	108.8	111.6	110.9	111.6
马来西亚	Malaysia	104.3	113.4	111.7	111.7
泰　　国	Thailand	111.3	112.1	113.7	110.4
新 加 坡	Singapore	102.2	95.1	101.9	97.4
印度尼西亚	Indonesia	107.6	114.2	120.9	121.8
文　　莱	Brunei Darussalam	129.1	132.3	132.9	133.8
越　　南	Viet Nam	109.2	113.4	115.5	118.5
缅　　甸	Myanmar	116.6	124.7	125.1	125.3
老　　挝	Laos	110.3	123.6	128.0	125.4
柬 埔 寨	Cambodia	120.4	130.7	135.8	149.6

四、对外贸易 >>>
Foreign Trade

表4-1 货物出口总额
Merchandise Export

资料来源：世界贸易组织数据库。
Source：WTO Database.

国家和地区	Country or Area	货物出口总额（亿美元）Merchandise Export（100 million USD）			
		2008	2009	2010	2011
中国	China	14307	12016	15778	18986
日本	Japan	7814	5807	7698	8227
韩国	Korea, Rep.	4220	3635	4664	5552
菲律宾	Philippines	491	384	515	480
马来西亚	Malaysia	1995	1574	1986	2270
泰国	Thailand	1778	1524	1953	2288
新加坡	Singapore	3382	2698	3519	4095
印度尼西亚	Indonesia	1396	1196	1581	2015
文莱	Brunei Darussalam	103	72	89	123
越南	Viet Nam	627	571	722	969
缅甸	Myanmar	69	67	87	105
老挝	Laos	11	11	17	24
柬埔寨	Cambodia	47	42	51	70
东盟总计	**ASEAN**	**9899**	**8139**	**10520**	**12439**

表4-2 货物进口总额

Merchandise Import

资料来源：世界贸易组织数据库。

Source：WTO Database.

国家和地区	Country or Area	货物进口总额（亿美元） Merchandise Import（100 million USD）			
		2008	2009	2010	2011
中国	China	11326	10059	13951	17435
日本	Japan	7625	5520	6941	8543
韩国	Korea, Rep.	4353	3231	4252	5244
菲律宾	Philippines	604	459	585	640
马来西亚	Malaysia	1569	1238	1646	1877
泰国	Thailand	1792	1337	1829	2285
新加坡	Singapore	3198	2458	3108	3658
印度尼西亚	Indonesia	1275	938	1353	1764
文莱	Brunei Darussalam	26	24	25	33
越南	Viet Nam	807	699	848	1067
缅甸	Myanmar	43	44	48	72
老挝	Laos	14	15	21	27
柬埔寨	Cambodia	65	58	68	93
东盟总计	**ASEAN**	**9393**	**7270**	**9531**	**11516**

表4–3 出口货物构成（2010年）

Exports by Commodity Groups（2010）

资料来源：世界银行WDI数据库。

Source：World Bank WDI Database.

单位：% (%)

国家和地区	Country or Area	农业原材料 Agricultural Raw Materials	食品 Food	燃料 Fuel	矿物和金属 Ores and Metals	制成品 Manufactures
中国	China	0.5	2.8	1.7	1.4	93.6
日本	Japan	0.7	0.6	1.7	2.7	89.0
韩国	Korea, Rep.	0.9	1.1	6.8	2.1	89.0
菲律宾	Philippines	0.7	7.4	1.9	4.2	85.9
马来西亚	Malaysia	2.6	11.9	15.9	2.0	67.2
泰国	Thailand	5.3	13.2	4.8	1.3	75.3
新加坡	Singapore	0.3	2.0	16.2	1.2	73.1
印度尼西亚	Indonesia	6.6	16.4	29.7	9.9	37.5
文莱①	Brunei Darussalam①	…	0.1	96.3	0.1	3.3
越南②	Viet Nam②	2.4	21.0	15.1	0.7	60.1
缅甸	Myanmar					
老挝	Laos					
柬埔寨	Cambodia	2.3	1.4	0.0	0.1	96.1

注：① 2006年数据。 ② 2009年数据。

Note：① Data refer to 2006. ② Data refer to 2009.

表4-4 进口货物构成（2010年）

Imports by Commodity Groups（2010）

资料来源：世界银行WDI数据库。

Source：World Bank WDI Database.

单位：%　　　　　　　　　　　　　　　　　　　　　　　　　　　　（%）

国家和地区	Country or Area	农业原材料 Agricultural Raw Materials	食品 Food	燃料 Fuel	矿物和金属 Ores and Metals	制成品 Manufactures
中国	China	3.7	4.6	14.5	14.3	61.5
日本	Japan	1.6	9.2	28.7	8.2	50.6
韩国	Korea, Rep.	1.7	4.5	28.6	8.2	56.8
菲律宾	Philippines	0.6	11.1	17.1	3.8	67.3
马来西亚	Malaysia	2.0	7.9	10.1	5.2	74.2
泰国	Thailand	1.9	5.0	18.1	4.9	70.0
新加坡	Singapore	0.4	3.2	26.1	1.6	65.7
印度尼西亚	Indonesia	3.1	8.5	20.4	3.5	64.5
文莱①	Brunei Darussalam①	0.2	17.0	1.7	1.3	79.3
越南②	Viet Nam②	3.0	7.9	10.8	4.0	74.0
缅甸	Myanmar					
老挝	Laos					
柬埔寨	Cambodia	1.6	7.3	7.3	1.5	81.9

注：① 2006年数据。　② 2009年数据。

Note：① Data refer to 2006.　② Data refer to 2009.

表4-5 货物和服务出口总额占GDP比重

Exports of Goods and Services as percentage of GDP

资料来源：世界银行WDI数据库。

Source：World Bank WDI Database.

国家和地区	Country or Area	货物和服务出口总额占GDP(%) Exports of Goods and Services as percentage of GDP(%)			
		2007	2008	2009	2010
中　国	China	38.4	35.0	26.7	29.6
日　本	Japan	17.6	17.5	12.6	15.2
韩　国	Korea, Rep.	41.9	53.0	49.7	52.4
菲律宾	Philippines	43.3	36.9	32.2	34.8
马来西亚	Malaysia	110.0	103.2	96.4	97.3
泰　国	Thailand	73.4	76.4	68.4	71.3
新加坡	Singapore	218.9	233.4	199.9	211.1
印度尼西亚	Indonesia	29.4	29.8	24.2	24.6
文　莱	Brunei Darussalam	67.9	78.3		
越　南	Viet Nam	76.9	77.9	68.3	77.5
缅　甸	Myanmar	0.1	0.1	0.1	0.1
老　挝	Laos	34.2	31.8	30.5	36.3
柬埔寨	Cambodia	65.3	65.5	49.2	54.1

表4–6 货物和服务进口总额占GDP比重

Imports of Goods and Services as percentage of GDP

资料来源：世界银行WDI数据库。

Source：World Bank WDI Database.

国家和地区	Country or Area	货物和服务进口总额占GDP比重（%）Imports of Goods and Services as percentage of GDP（%）			
		2007	2008	2009	2010
中　　国	China	29.6	27.3	22.3	25.7
日　　本	Japan	15.9	17.4	12.3	14.1
韩　　国	Korea, Rep.	40.4	54.2	46.0	49.6
菲 律 宾	Philippines	43.4	39.4	33.4	36.6
马来西亚	Malaysia	89.4	80.0	74.8	79.5
泰　　国	Thailand	65.0	73.9	57.8	63.9
新 加 坡	Singapore	186.6	212.5	176.3	183.0
印度尼西亚	Indonesia	25.4	28.8	21.4	23.0
文　　莱	Brunei Darussalam	27.9	27.6		
越　　南	Viet Nam	92.7	93.1	78.7	87.8
缅　　甸	Myanmar	0.1	0.1	0.1	0.1
老　　挝	Laos	50.1	47.0	42.6	40.9
柬 埔 寨	Cambodia	72.9	67.8	55.9	59.5

表4–7 东盟与主要贸易伙伴进出口总额

Total Trade of ASEAN with Partners

资料来源：东盟贸易统计数据库

Source：ASEAN Trade Statistics Database.

国家和地区	Country or Area	东盟进出口总额（亿美元） Total Trade of ASEAN（100 million USD）			
		2000	2008	2009	2010
东盟内部	Intra-ASEAN	1668.5	4701.1	3761.8	5198.1
中　　国	China	323.2	1968.8	1781.9	2320.1
欧盟27国	EU-27	1027.7	2082.9	1717.3	2085.9
日　　本	Japan	1161.9	2144.0	1608.9	2066.4
美　　国	United States	1222.2	1862.4	1495.8	1866.9
韩　　国	korea, Rep.	296.4	782.5	747.5	986.3
印　　度	India	96.6	488.0	391.2	554.4
澳大利亚	Australia	175.9	525.9	438.5	554.3
加 拿 大	Canada	48.3	107.4	90.4	98.7
俄 罗 斯	Russian Fed.	13.8	97.9	67.7	90.6
新 西 兰	New Zealand	22.5	78.4	53.8	73.4
巴基斯坦	Pakistan	34.9	49.2	43.0	62.6
其　　他	Rest of the World	1499.3	4082.6	3171.0	4499.8
总　　计	**Total**	**7591.0**	**18971.3**	**15368.8**	**20457.3**

表4-8 东盟主要出口商品（2010年）

Main Export Commodities of ASEAN（2010）

资料来源：东盟统计数据（2011）。
Source：ASEAN Community in Figures 2011.

商品 Commodities	出口额 （亿美元） Export （100 million USD）	占出口总额的比重 （%） Percentage of Total （%）
电子集成电路及电子微型组件 Electronic Integrated Circuits and Microassemblies	976.4	9.1
石油（非原油） Petroleum Oils，not Crude	619.5	5.8
自动数据处理器，光学阅读器等 Automatic Data Processing Machines；Optical Reader，Etc	407.8	3.8
石油气体 Petroleum Gases	341.1	3.2
原油 Crude Petroleum Oils	287.0	2.7
计算机零件及附件和办公设备 Parts & Accessories of Computers & Office Machines	266.5	2.5
棕榈油及其分离品 Palm Oil & Its Fraction	260.6	2.4
天然橡胶，原状或板状 Natural Rubber，in Primary Form or Plates	205.1	1.9
煤炭、煤球和类似煤制固体燃料 Coal，Briquettes，Ovoids & Similar Solid Fuels Manufactured From Coal	198.5	1.9
二极管/晶体管及类似半导体器件等 Diodes / Transistors & Similar Semiconductor Devices，Etc	171.1	1.6
总计 **Total**	**3733.5**	**34.9**

表4-9 东盟主要进口商品（2010年）
Main Import Commodities of ASEAN（2010）

资料来源：东盟统计数据（2011）。
Source：ASEAN Community in Figures 2011.

商品 Commodities	进口额 （亿美元） Import （100 million USD）	占进口总额的比重 （%） Percentage of Total （%）
电子集成电路及电子微型组件 Electronic Integrated Circuits and Microassemblies	927.7	9.5
石油（非原油） Petroleum Oils，not Crude	826.6	8.5
原油 Crude Petroleum Oils	317.3	3.3
自动数据处理器，光学阅读器等 Automatic Data Processing Machines；Optical Reader，Etc	206.1	2.1
计算机零件及附件和办公设备 Parts & Accessories of Computers & Office Machines	205.5	2.1
有线电话的电力设备（包括电流系统） Electric Appliance for Line Telephony（Incl Curr Line System）	177.5	1.8
黄金，包括未加工和半成品 Gold，Unwrought or in Semi-manufactured Forms	126.9	1.3
汽车和客运车（不包括公共交通运输车） Motor cars & Vehicles for Transporting Persons（Except Public Transport Motor Vehicles）	122.0	1.3
机动车零件和附件 Parts & Accessories of Motor Vehicles	110.6	1.1
二极管/晶体管及类似半导体器件等 Diodes / Transistors & Similar Semiconductor Devices，Etc	101.9	1.0
总计 **Total**	**3122.1**	**32.0**

表4–10 外汇储备

Foreign Exchange Reserves

资料来源：国际货币基金组织IFS数据库。

Source：IMF IFS Database.

国家和地区	Country or Area	外汇储备（亿美元）Foreign Exchange Reserves（100 million USD）			
		2008	2009	2010	2011
中　　国	China	19460	23992	28473	31811
日　　本	Japan	10037	9970	10363	12212
韩　　国	Korea, Rep.	2005	2652	2869	2982
菲 律 宾	Philippines	330	375	540	657
马来西亚	Malaysia	906	929	1023	1290
泰　　国	Thailand	1083	1336	1657	1652
新 加 坡	Singapore	1734	1858	2237	2355
印度尼西亚	Indonesia	493	606	900	1036
文　　莱	Brunei Darussalam	7	10	12	21
越　　南	Viet Nam	239	160	121	131
缅　　甸	Myanmar	37	51	57	
老　　挝	Laos	6	5	6	
柬 埔 寨	Cambodia	23	27	31	33
东盟总计	**ASEAN**	**6863**	**8009**	**9453**	

表4-11 货币汇率（年平均价）

Exchange Rate（Period Average）

资料来源：世界银行WDI数据库。

Source：World Bank WDI Database.

国家和地区	Country or Area	货币汇率（年平均价）（1美元合本币数） Exchange Rate（Period Average） （Local Currency Unit Per US Dollar）			
		2008	2009	2010	2011
中国	China	6.9	6.8	6.8	6.5
日本	Japan	103.4	93.6	87.8	79.8
韩国	Korea, Rep.	1102.0	1276.9	1156.1	1108.3
菲律宾	Philippines	44.3	47.7	45.1	43.3
马来西亚	Malaysia	3.3	3.5	3.2	3.1
泰国	Thailand	33.3	34.3	31.7	30.5
新加坡	Singapore	1.4	1.5	1.4	1.3
印度尼西亚	Indonesia	9699.0	10389.9	9090.4	8770.4
文莱	Brunei Darussalam	1.4	1.5	1.4	1.3
越南	Viet Nam	16302.3	17065.1	18612.9	20450.1
缅甸	Myanmar	5.4	5.5	5.6	5.4
老挝	Laos	8744.2	8516.1	8258.8	8058.4
柬埔寨	Cambodia	4054.2	4139.3	4184.9	4058.5

表4-12 外商直接投资

Foreign Direct Investment Inflows

资料来源：联合国贸发会议FDI数据库。

Source：UNCTAD FDI Database.

国家和地区	Country or Area	外商直接投资（亿美元） FDI Inflows（100 million USD）			
		2007	2008	2009	2010
中　　国	China	835.2	1083.1	950.0	1057.4
日　　本	Japan	225.5	244.3	119.4	-12.5
韩　　国	Korea, Rep.	26.3	84.1	75.0	68.7
菲 律 宾	Philippines	29.2	15.4	19.6	17.1
马来西亚	Malaysia	85.9	71.7	14.3	91.0
泰　　国	Thailand	113.6	84.5	49.8	58.1
新 加 坡	Singapore	370.3	85.9	152.8	386.4
印度尼西亚	Indonesia	69.3	93.2	48.8	133.0
文　　莱	Brunei Darussalam	2.6	2.4	3.7	5.0
越　　南	Viet Nam	67.4	95.8	76.0	81.7
缅　　甸	Myanmar	7.1	9.8	5.8	7.6
老　　挝	Laos	3.2	2.3	3.2	3.5
柬 埔 寨	Cambodia	8.7	8.2	5.4	7.8
东盟总计	**ASEAN**	**757.3**	**469.2**	**379.4**	**791.2**

表4–13 按来源分的东盟外商直接投资总额
ASEAN FDI Inflows by Origin

资料来源：东盟投资统计数据库

Source：ASEAN Investment Statistics Database.

国家和地区	Country or Area	东盟外商直接投资总额（亿美元） ASEAN FDI Inflows（100 million USD）			
		2007	2008	2009	2010
东盟内部	Intra-ASEAN	96.3	94.5	52.7	122.8
澳大利亚	Australia	14.9	7.9	7.8	17.7
加拿大	Canada	3.9	6.6	5.0	16.4
中国	China	17.4	18.7	41.6	28.6
欧盟27国	EU-27	186.1	70.1	91.3	170.7
印度	India	14.5	5.5	8.1	25.8
日本	Japan	88.4	41.3	37.6	83.9
新西兰	New Zealand	1.0	-0.8	2.6	0.9
巴基斯坦	Pakistan	0.2	0.1	0.1	0.3
韩国	korea, Rep.	27.1	16.0	13.5	37.7
俄罗斯	Russian Fed.	0.3	0.8	1.6	0.6
美国	United States	83.4	35.2	40.9	85.8
其他	Rest of the World	222.9	175.0	79.9	170.9
总计	**Total**	**756.5**	**470.8**	**382.7**	**762.2**

表4-14 对外直接投资

Foreign Direct Investment Outflows

资料来源：联合国贸发会议FDI数据库。
Source：UNCTAD FDI Database .

国家和地区	Country or Area	对外直接投资（亿美元） FDI Outflows（100 million USD）			
		2007	2008	2009	2010
中 国	China	224.7	521.5	565.3	680.0
日 本	Japan	735.5	1280.2	747.0	562.6
韩 国	Korea, Rep.	197.2	202.5	172.0	192.3
菲律宾	Philippines	35.4	2.6	3.6	4.9
马来西亚	Malaysia	113.1	149.7	79.3	133.3
泰 国	Thailand	30.0	40.5	41.2	51.2
新加坡	Singapore	327.0	-2.6	184.6	197.4
印度尼西亚	Indonesia	46.8	59.0	22.5	26.6
文 莱	Brunei Darussalam	-0.1	0.2	0.1	0.1
越 南	Viet Nam	1.8	3.0	7.0	8.5
缅 甸	Myanmar	…	…	…	…
老 挝	Laos	…	-0.8	…	0.1
柬埔寨	Cambodia	0.1	0.2	0.2	0.2
东盟总计	**ASEAN**	**554.1**	**251.9**	**338.5**	**422.2**

表5-1 贷款利率

Lending Rate

资料来源：世界银行WDI数据库。

Source：World Bank WDI Database.

国家和地区	Country or Area	贷款利率（%） Lending Rate（%）			
		2007	2008	2009	2010
中国	China	7.5	5.3	5.3	5.8
日本	Japan	1.9	1.9	1.7	1.6
韩国	Korea, Rep.	6.6	7.2	5.7	5.5
菲律宾	Philippines	8.7	8.8	8.6	7.7
马来西亚	Malaysia	6.4	6.1	5.1	5.0
泰国	Thailand	7.1	7.0	6.0	5.9
新加坡	Singapore	5.3	5.4	5.4	5.4
印度尼西亚	Indonesia	13.9	13.6	14.5	13.3
文莱	Brunei Darussalam	5.5	5.5	5.5	5.5
越南	Viet Nam	11.2	15.8	10.1	13.1
缅甸	Myanmar	17.0	17.0	17.0	17.0
老挝	Laos	28.5	24.0	24.8	22.6
柬埔寨	Cambodia				

表5-2 存款利率

Deposit Rate

资料来源：世界银行WDI数据库。

Source：World Bank WDI Database.

国家和地区	Country or Area	存款利率（%）Deposit Rate（%）			
		2007	2008	2009	2010
中　　国	China	4.1	2.3	2.3	2.8
日　　本	Japan	0.8	0.6	0.4	0.5
韩　　国	Korea, Rep.	5.2	5.9	3.5	3.9
菲 律 宾	Philippines	3.7	4.5	2.7	3.2
马来西亚	Malaysia	3.2	3.1	2.1	2.5
泰　　国	Thailand	2.9	2.5	1.0	1.0
新 加 坡	Singapore	0.5	0.4	0.3	0.2
印度尼西亚	Indonesia	8.0	8.5	9.3	7.0
文　　莱	Brunei Darussalam	1.2	0.9	0.7	0.5
越　　南	Viet Nam	7.5	12.7	7.9	11.2
缅　　甸	Myanmar	12.0	12.0	12.0	12.0
老　　挝	Laos	5.0	4.7	3.3	3.0
柬 埔 寨	Cambodia	1.9	1.9	1.7	1.3

表5-3 企业开业所要办理的手续数

Start-up Procedures to Register a Business

资料来源：世界银行全球营商环境报告。

Source：World Bank Doing Business.

国家和地区	Country or Area	企业开业所要办理的手续数（个） Start-up Procedures to Register a Business（number）			
		2008	2009	2010	2011
中　　国	China	14	14	14	14
日　　本	Japan	8	8	8	8
韩　　国	Korea, Rep.	10	8	8	5
菲 律 宾	Philippines	17	17	16	15
马来西亚	Malaysia	10	10	9	4
泰　　国	Thailand	8	7	7	5
新 加 坡	Singapore	4	3	3	3
印度尼西亚	Indonesia	11	9	9	8
文　　莱	Brunei Darussalam	18	18	15	15
越　　南	Viet Nam	11	11	9	9
缅　　甸	Myanmar				
老　　挝	Laos	7	7	7	7
柬 埔 寨	Cambodia	9	9	9	9

表5-4　企业办理开业手续所需时间

Time Required to Start a Business

资料来源：世界银行全球营商环境报告。

Source：World Bank Doing Business.

国家和地区	Country or Area	企业办理开业手续所需时间（天）Time Required to Start a Business（days）			
		2008	2009	2010	2011
中　　国	China	41	38	38	38
日　　本	Japan	23	23	23	23
韩　　国	Korea, Rep.	17	14	14	7
菲 律 宾	Philippines	41	41	36	35
马来西亚	Malaysia	20	18	17	6
泰　　国	Thailand	33	32	32	29
新 加 坡	Singapore	4	3	3	3
印度尼西亚	Indonesia	76	60	47	45
文　　莱	Brunei Darussalam	116	116	105	101
越　　南	Viet Nam	50	50	44	44
缅　　甸	Myanmar				
老　　挝	Laos	93	93	93	93
柬 埔 寨	Cambodia	85	85	85	85

表5-5 开办企业成本占人均收入比重

Cost to Start a Business（% of Income per Capita）

资料来源：世界银行全球营商环境报告。

Source：World Bank Doing Business.

国家和地区	Country or Area	开办企业成本占人均收入比重 (%) Cost to start a business (% of income per capita)			
		2008	2009	2010	2011
中国	China	8.4	4.9	4.5	3.5
日本	Japan	7.5	7.5	7.5	7.5
韩国	Korea, Rep.	16.9	14.7	14.7	14.6
菲律宾	Philippines	22.7	21.6	22.1	19.1
马来西亚	Malaysia	18.9	15.6	17.5	16.4
泰国	Thailand	7.4	8.8	6.9	6.2
新加坡	Singapore	0.7	0.7	0.7	0.7
印度尼西亚	Indonesia	76.7	25.0	21.5	17.9
文莱	Brunei Darussalam	9.2	9.8	13.5	11.8
越南	Viet Nam	16.8	13.3	12.1	10.6
缅甸	Myanmar				
老挝	Laos	11.6	9.7	8.9	7.6
柬埔寨	Cambodia	151.7	138.4	128.3	109.7

表5-6 企业运营排名（2011年）

Rank of Doing Business（2011）

资料来源：世界银行全球营商环境报告。

Source：World Bank Doing Business.

国家和地区	Country or Area	企业经营环境宽松指数排名 Ease of Doing Business Rank	获得融资便利度排名 Getting Credit Rank	缴纳税款排名 Paying Taxes Rank
中　　国	China	91	67	122
日　　本	Japan	20	24	120
韩　　国	Korea, Rep.	8	8	38
菲 律 宾	Philippines	136	126	136
马来西亚	Malaysia	18	1	41
泰　　国	Thailand	17	67	100
新 加 坡	Singapore	1	8	4
印度尼西亚	Indonesia	129	126	131
文　　莱	Brunei Darussalam	83	126	20
越　　南	Viet Nam	98	24	151
缅　　甸	Myanmar			
老　　挝	Laos	165	166	123
柬 埔 寨	Cambodia	138	98	54

表6-1 国际旅游收入

International Tourism Receipts

资料来源：世界银行WDI数据库。

Source：World Bank WDI Database.

国家和地区	Country or Area	国际旅游收入（亿美元）International Tourism Receipts（100 million USD）			
		2007	2008	2009	2010
中　　国	China	411.3	441.3	426.3	501.5
日　　本	Japan	124.2	137.8	125.4	153.6
韩　　国	Korea, Rep.	92.9	134.8	133.0	138.1
菲 律 宾	Philippines	55.2	30.2	28.5	32.3
马来西亚	Malaysia	179.5	185.5	172.3	183.2
泰　　国	Thailand	206.2	225.0	194.2	234.1
新 加 坡	Singapore	90.8	107.1	93.8	141.8
印度尼西亚	Indonesia	58.3	81.5	60.5	76.2
文　　莱	Brunei Darussalam	2.3	2.4	2.5	
越　　南	Viet Nam	37.5	39.3	30.5	
缅　　甸	Myanmar	1.0	0.8	0.8	0.9
老　　挝	Laos	1.9	2.8	2.7	3.9
柬 埔 寨	Cambodia	12.8	14.0	13.1	14.1
东盟总计	**ASEAN**	**645.5**	**688.6**	**598.9**	

表6-2 入境旅游人数

Number of Tourist Arrivals

资料来源：世界银行WDI数据库。

Source：World Bank WDI Database.

国家和地区	Country or Area	入境旅游人数（万人）Number of Tourist Arrivals（10 000 persons）			
		2007	2008	2009	2010
中　　国	China	5472.0	5304.9	5087.5	5566.4
日　　本	Japan	834.7	835.1	679.0	861.1
韩　　国	Korea, Rep.	644.8	689.1	781.8	879.8
菲 律 宾	Philippines	309.2	313.9	301.7	352.0
马来西亚	Malaysia	2097.3	2205.2	2364.6	2457.7
泰　　国	Thailand	1446.4	1458.4	1415.0	1593.6
新 加 坡	Singapore	795.7	777.8	748.9	916.1
印度尼西亚	Indonesia	550.6	623.4	632.4	700.3
文　　莱	Brunei Darussalam	17.9	22.6	15.7	
越　　南	Viet Nam	422.9	423.6	374.7	
缅　　甸	Myanmar	24.8	19.3	24.3	31.1
老　　挝	Laos	114.2	129.5	123.9	167.0
柬 埔 寨	Cambodia	187.3	200.1	204.6	239.9
东盟总计	**ASEAN**	**5966.3**	**6173.8**	**6205.8**	

表6–3 按来源分的东盟入境旅游人数

Tourist Arrivals of ASEAN by Country of Origin

资料来源：东盟旅游数据库

Source：ASEAN Tourism Database.

国家和地区	Country or Area	赴东盟旅游人数（万人）Tourist arrivals to ASEAN（10 000 persons）		所占比重（%）Percentage of Total（%）	
		2009	2010	2009	2010
东盟内部	Intra-ASEAN	3169.4	3482.0	48.3	47.2
欧盟27国	EU-27	668.0	697.1	10.2	9.5
中　　国	China	420.2	541.6	6.4	7.3
澳大利亚	Australia	302.9	346.5	4.6	4.7
日　　本	Japan	321.4	335.1	4.9	4.5
韩　　国	korea, Rep.	244.9	328.6	3.7	4.5
美　　国	United States	255.3	268.0	3.9	3.6
印　　度	India	210.4	247.8	3.2	3.4
其　　他	Rest of the World	975.6	1128.5	14.9	15.3
总　　计	**Total**	**6568.0**	**7375.3**	**100.0**	**100.0**

表6–4 国际旅游支出

International Tourism Expenditures

资料来源：世界银行WDI数据库。

Source：World Bank WDI Database.

国家和地区	Country or Area	国际旅游支出（亿美元）International Tourism Expenditures（100 million USD）			
		2007	2008	2009	2010
中　国	China	332.6	409.9	471.1	598.4
日　本	Japan	372.6	389.8	347.9	393.1
韩　国	Korea, Rep.	244.5	214.6	163.6	197.0
菲律宾	Philippines	20.6	25.5	32.5	42.5
马来西亚	Malaysia	66.0	77.2	72.0	79.4
泰　国	Thailand	68.9	67.0	56.6	65.8
新加坡	Singapore	131.8	152.0	150.1	167.7
印度尼西亚	Indonesia	65.8	88.0	69.1	84.3
文　莱	Brunei Darussalam	4.3	4.6	4.8	
越　南	Viet Nam	12.2	13.0	11.0	
缅　甸	Myanmar	0.4	0.5	0.5	0.5
老　挝	Laos	0.1	0.5	0.9	2.2
柬埔寨	Cambodia	1.9	1.8	1.6	2.7
东盟总计	**ASEAN**	**372.0**	**430.1**	**399.1**	

表6–5 空运货物周转量

Freight Transported by Air

资料来源：世界银行WDI数据库。

Source：World Bank WDI Database.

国家和地区	Country or Area	空运货物周转量（万吨公里）Freight Transported by Air（10 000 ton-km）			
		2007	2008	2009	2010
中　　国	China	1118954	1138606	1197644	1744135
日　　本	Japan	843507	817281	1048567	837994
韩　　国	Korea, Rep.	903972	872681	1516261	1280225
菲 律 宾	Philippines	28558	27736	22745	47228
马来西亚	Malaysia	266153	244446	285326	245082
泰　　国	Thailand	245455	228896	213255	313276
新 加 坡	Singapore	795556	731016	739096	400395
印度尼西亚	Indonesia	48452	39458	27692	65969
文　　莱	Brunei Darussalam	11637	10420	9044	13554
越　　南	Viet Nam	25849	29576	31150	42758
缅　　甸	Myanmar	287	283	261	159
老　　挝	Laos	263	258	237	40
柬 埔 寨	Cambodia	203	66	99	1827
东盟总计	**ASEAN**	**1422413**	**1312155**	**1328905**	**1130288**

表6-6 航空客运量

Passengers Carried by Air

资料来源：世界银行WDI数据库。

Source: World Bank WDI Database.

国家和地区	Country or Area	航空客运量（万人）Passengers Carried by Air（10 000 persons）			
		2007	2008	2009	2010
中　国	China	18361	19100	22906	26769
日　本	Japan	9984	9702	8690	9421
韩　国	Korea, Rep.	3666	3608	3417	4276
菲律宾	Philippines	882	951	1048	1893
马来西亚	Malaysia	2133	2242	2377	2626
泰　国	Thailand	2119	1999	1962	2030
新加坡	Singapore	2067	2105	1843	2532
印度尼西亚	Indonesia	3041	2977	2742	3532
文　莱	Brunei Darussalam	102	108	100	183
越　南	Viet Nam	719	999	1107	1410
缅　甸	Myanmar	166	164	153	40
老　挝	Laos	33	32	30	65
柬埔寨	Cambodia	31	21	18	31
东盟总计	**ASEAN**	**11293**	**11598**	**11380**	**14342**

表6–7 港口集装箱吞吐量

Container Port Traffic

资料来源：世界银行WDI数据库。

Source：World Bank WDI Database.

国家和地区	Country or Area	港口集装箱吞吐量（万标准集装箱）Container Port Traffic（10 000 TEUs）			
		2007	2008	2009	2010
中国	China	10382.3	11506.1	10804.4	12961.1
日本	Japan	1916.5	1894.4	1628.6	1806.0
韩国	Korea, Rep.	1708.6	1741.8	1569.9	1853.8
菲律宾	Philippines	435.1	447.1	430.7	494.7
马来西亚	Malaysia	1482.9	1602.5	1586.0	1824.7
泰国	Thailand	633.9	672.6	589.8	664.9
新加坡	Singapore	2876.8	3089.1	2659.3	2917.9
印度尼西亚	Indonesia	658.3	740.5	724.4	837.1
文莱	Brunei Darussalam		9.0	8.6	8.9
越南	Viet Nam	400.9	439.4	493.7	598.4
缅甸	Myanmar	17.0	18.0	16.0	16.7
老挝	Laos				
柬埔寨	Cambodia	25.3	25.9	20.8	22.4
东盟总计	**ASEAN**	**6530.2**	**7044.1**	**6529.1**	**7385.5**

七、农业 >>>
Agriculture

表7-1 谷物产量
Cereals Production

资料来源：联合国FAO数据库。

Source：FAO Database.

国家和地区	Country or Area	谷物产量（万吨） Cereals Production（10 000 tons）			
		2007	2008	2009	2010
中　国	China	45781.2	47997.8	48326.8	49756.7
日　本	Japan	1202.5	1215.1	1145.9	1136.3
韩　国	Korea, Rep.	631.2	720.3	727.8	601.3
菲律宾	Philippines	2297.7	2374.4	2330.1	2214.9
马来西亚	Malaysia	240.7	238.6	249.5	258.4
泰　国	Thailand	3619.6	3610.7	3694.0	3625.9
新加坡	Singapore				
印度尼西亚	Indonesia	7044.5	7657.5	8202.9	8477.6
文　莱	Brunei Darussalam	0.2	0.1	0.1	0.1
越　南	Viet Nam	4024.8	4330.5	4332.4	4459.8
缅　甸	Myanmar	3293.7	3413.4	3428.4	3483.6
老　挝	Laos	339.8	407.8	427.9	409.0
柬埔寨	Cambodia	725.0	778.7	851.0	965.7
东盟总计	**ASEAN**	**21586.0**	**22811.7**	**23516.2**	**23895.1**

表7-2 稻谷产量

Rice Paddy Production

资料来源：联合国FAO数据库。

Source：FAO Database.

国家和地区	Country or Area	稻谷产量（万吨） Rice Paddy Production（10 000 tons）			
		2007	2008	2009	2010
中　　国	China	18739.8	19328.4	19668.1	19721.2
日　　本	Japan	1089.3	1102.9	1059.0	1060.0
韩　　国	Korea, Rep.	603.8	691.9	702.3	580.4
菲 律 宾	Philippines	1624.0	1681.6	1626.6	1577.2
马来西亚	Malaysia	237.5	235.3	246.0	254.8
泰　　国	Thailand	3209.9	3165.1	3211.6	3159.7
新 加 坡	Singapore				
印度尼西亚	Indonesia	5715.7	6025.1	6439.9	6641.2
文　　莱	Brunei Darussalam	0.2	0.1	0.1	0.1
越　　南	Viet Nam	3594.3	3873.0	3895.0	3998.9
缅　　甸	Myanmar	3145.1	3257.3	3268.2	3320.5
老　　挝	Laos	271.0	297.0	314.5	300.6
柬 埔 寨	Cambodia	672.7	717.6	758.6	824.5
东盟总计	**ASEAN**	**18470.4**	**19252.0**	**19760.6**	**20077.5**

表7–3 根茎类作物产量

Roots and Tubers Production

资料来源：联合国FAO数据库。

Source：FAO Database.

国家和地区	Country or Area	根茎类作物产量（万吨） Roots and Tubers Production（10 000 tons）			
		2007	2008	2009	2010
中　国	China	14665.8	15544.6	15627.1	16244.6
日　本	Japan	426.3	417.8	389.7	328.0
韩　国	Korea, Rep.	92.7	93.4	94.2	91.6
菲律宾	Philippines	272.3	279.2	287.8	293.4
马来西亚	Malaysia	52.5	49.9	50.6	53.5
泰　国	Thailand	2735.2	2559.0	3054.1	2244.2
新加坡	Singapore				
印度尼西亚	Indonesia	2333.3	2487.5	2563.8	2741.0
文　莱	Brunei Darussalam	0.3	0.4	0.4	0.3
越　南	Viet Nam	1006.7	1120.8	1020.7	1028.5
缅　甸	Myanmar	84.7	91.3	96.2	89.6
老　挝	Laos	39.7	43.4	36.6	35.5
柬埔寨	Cambodia	228.9	375.3	361.6	437.0
东盟总计	**ASEAN**	**6753.5**	**7006.7**	**7471.8**	**6923.0**

表7–4 水果产量

Fruit Production

资料来源：联合国FAO数据库。

Source：FAO Database.

国家和地区	Country or Area	水果产量（万吨） Fruit Production（10 000 tons）			
		2007	2008	2009	2010
中　　国	China	10091.7	10780.3	11587.6	12218.5
日　　本	Japan	343.9	341.6	339.1	289.9
韩　　国	Korea, Rep.	296.7	290.3	309.8	273.4
菲 律 宾	Philippines	1447.5	1569.1	1598.0	1618.2
马来西亚	Malaysia	106.8	109.6	112.9	114.5
泰　　国	Thailand	1039.2	922.5	870.9	855.9
新 加 坡	Singapore				
印度尼西亚	Indonesia	1580.7	1675.4	1728.8	1486.8
文　　莱	Brunei Darussalam	0.8	0.8	0.8	0.8
越　　南	Viet Nam	578.4	586.1	592.6	601.4
缅　　甸	Myanmar	204.5	202.9	209.3	213.5
老　　挝	Laos	25.3	24.8	25.9	23.8
柬 埔 寨	Cambodia	35.9	34.8	34.4	35.6
东盟总计	**ASEAN**	**5019.1**	**5126.0**	**5173.6**	**4950.5**

表7-5 玉米产量
Maize Production

资料来源：联合国FAO数据库。
Source：FAO Database.

国家和地区	Country or Area	玉米产量（万吨）Maize Production（10 000 tons）			
		2007	2008	2009	2010
中　　国	China	15241.9	16603.5	16410.8	17754.1
日　　本	Japan				
韩　　国	Korea, Rep.	8.4	9.3	7.7	7.4
菲 律 宾	Philippines	673.7	692.8	703.4	637.7
马来西亚	Malaysia	3.2	3.3	3.5	3.6
泰　　国	Thailand	389.0	424.9	461.6	445.4
新 加 坡	Singapore				
印度尼西亚	Indonesia	1328.8	1632.4	1763.0	1836.4
文　　莱	Brunei Darussalam				
越　　南	Viet Nam	430.3	457.3	437.2	460.7
缅　　甸	Myanmar	112.8	118.5	122.6	124.9
老　　挝	Laos	68.8	110.8	113.4	108.4
柬 埔 寨	Cambodia	52.3	61.2	92.4	141.2
东盟总计	**ASEAN**	**3058.9**	**3501.2**	**3697.1**	**3758.3**

表7-6 花生产量

Groundnuts Production

资料来源：联合国FAO数据库。

Source：FAO Database.

国家和地区	Country or Area	花生产量（万吨） Groundnuts Production（10 000 tons）			
		2007	2008	2009	2010
中　　国	China	1307.9	1434.1	1476.5	1570.9
日　　本	Japan	1.9	1.9	2.0	1.6
韩　　国	Korea, Rep.	0.7	0.7	1.0	1.4
菲 律 宾	Philippines	3.1	3.0	3.1	3.0
马来西亚	Malaysia	0.1	0.1	0.1	…
泰　　国	Thailand	5.4	5.3	4.6	4.5
新 加 坡	Singapore				
印度尼西亚	Indonesia	138.4	77.4	77.8	78.0
文　　莱	Brunei Darussalam				
越　　南	Viet Nam	51.0	53.0	52.5	48.6
缅　　甸	Myanmar	122.2	130.5	136.2	113.5
老　　挝	Laos	3.5	3.3	3.5	3.4
柬 埔 寨	Cambodia	3.0	2.5	2.2	2.2
东盟总计	**ASEAN**	**326.7**	**275.1**	**280.0**	**253.2**

表7-7 大豆产量

Soybeans Production

资料来源：联合国FAO数据库。

Source：FAO Database.

国家和地区	Country or Area	大豆产量（万吨）Soybeans Production（10 000 tons）			
		2007	2008	2009	2010
中　　国	China	1272.5	1554.2	1498.1	1508.3
日　　本	Japan	22.7	26.2	23.0	22.3
韩　　国	Korea, Rep.	11.4	13.3	13.9	10.5
菲 律 宾	Philippines	0.1	0.1	0.1	0.1
马来西亚	Malaysia				
泰　　国	Thailand	20.1	18.7	17.6	17.7
新 加 坡	Singapore				
印度尼西亚	Indonesia	59.3	77.7	97.5	90.8
文　　莱	Brunei Darussalam				
越　　南	Viet Nam	27.6	26.8	21.5	29.7
缅　　甸	Myanmar	20.1	21.4	24.0	20.0
老　　挝	Laos	1.1	1.4	1.6	1.6
柬 埔 寨	Cambodia	11.7	10.8	13.7	15.7
东盟总计	**ASEAN**	**139.9**	**156.8**	**176.0**	**175.5**

表7–8 甘蔗产量

Sugar Cane Production

资料来源：联合国FAO数据库。

Source：FAO Database.

国家和地区	Country or Area	甘蔗产量（万吨） Sugar Cane Production（10 000 tons）			
		2007	2008	2009	2010
中　　国	China	11373.2	12491.8	11625.1	11145.4
日　　本	Japan	150.0	159.8	151.5	146.8
韩　　国	Korea, Rep.				
菲 律 宾	Philippines	3200.0	3400.0	3250.0	3400.0
马来西亚	Malaysia	56.0	29.3	29.2	2.8
泰　　国	Thailand	6436.6	7350.2	6681.6	6880.8
新 加 坡	Singapore				
印度尼西亚	Indonesia	2530.0	2600.0	2650.0	2650.0
文　　莱	Brunei Darussalam				
越　　南	Viet Nam	1739.7	1614.6	1560.8	1594.7
缅　　甸	Myanmar	967.7	990.1	971.5	971.5
老　　挝	Laos	32.4	41.7	43.4	43.4
柬 埔 寨	Cambodia	28.7	38.5	35.0	36.6
东盟总计	**ASEAN**	**14991.1**	**16064.4**	**15221.5**	**15579.8**

第二篇

中国—东盟博览会基本情况

Basic Situation of the China - ASEAN EXPO

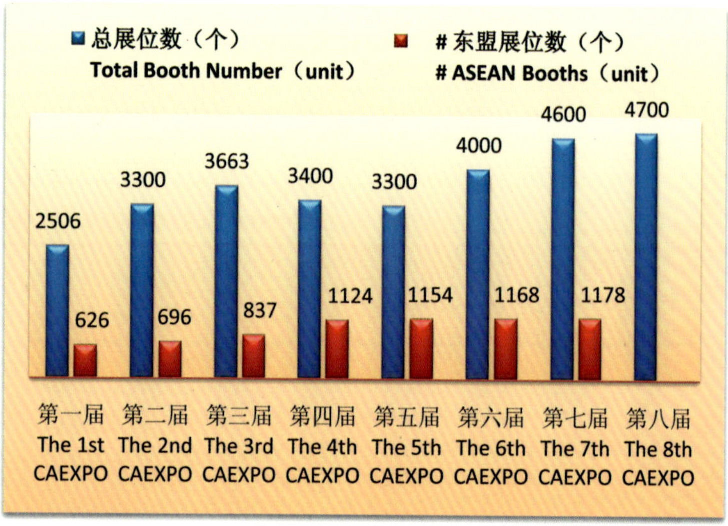
总展位数（个）
Total Booth Number（unit）
东盟展位数（个）
ASEAN Booths（unit）
2506
626
3300
696
3663
837
3400
1124
3300
1154
4000
1168
4600
1178
4700
第一届 The 1st CAEXPO
第二届 The 2nd CAEXPO
第三届 The 3rd CAEXPO
第四届 The 4th CAEXPO
第五届 The 5th CAEXPO
第六届 The 6th CAEXPO
第七届 The 7th CAEXPO
第八届 The 8th CAEXPO

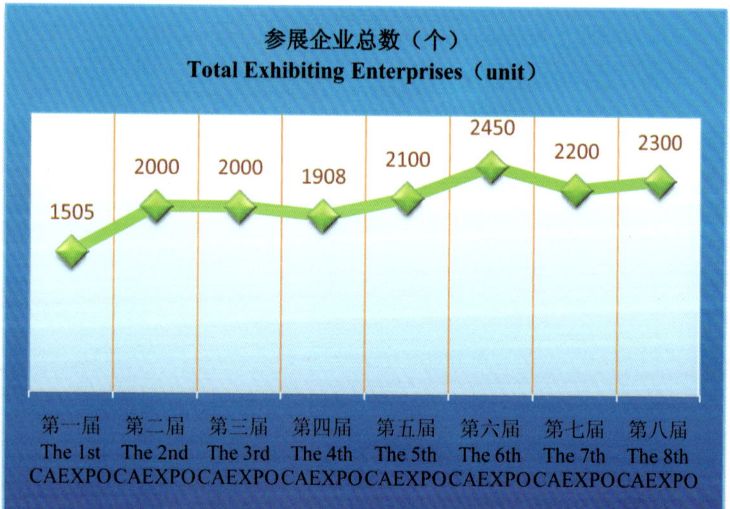
参展企业总数（个）
Total Exhibiting Enterprises（unit）
1505
2000
2000
1908
2100
2450
2200
2300
第一届 The 1st CAEXPO
第二届 The 2nd CAEXPO
第三届 The 3rd CAEXPO
第四届 The 4th CAEXPO
第五届 The 5th CAEXPO
第六届 The 6th CAEXPO
第七届 The 7th CAEXPO
第八届 The 8th CAEXPO

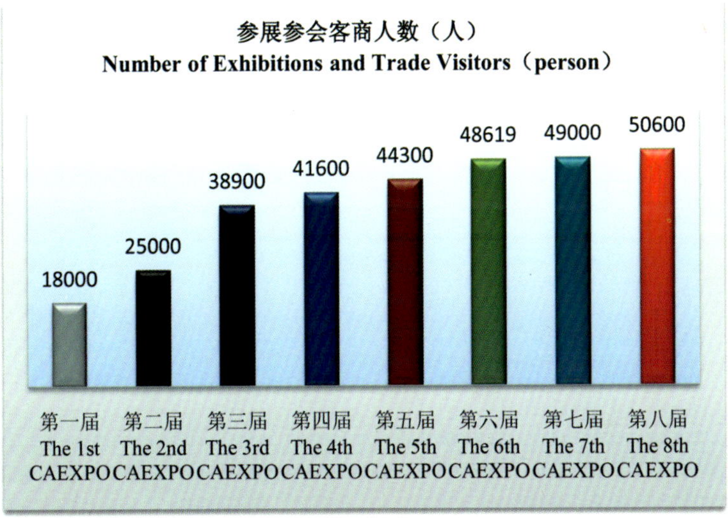
参展参会客商人数（人）
Number of Exhibitions and Trade Visitors（person）
18000
25000
38900
41600
44300
48619
49000
50600
第一届 The 1st CAEXPO
第二届 The 2nd CAEXPO
第三届 The 3rd CAEXPO
第四届 The 4th CAEXPO
第五届 The 5th CAEXPO
第六届 The 6th CAEXPO
第七届 The 7th CAEXPO
第八届 The 8th CAEXPO

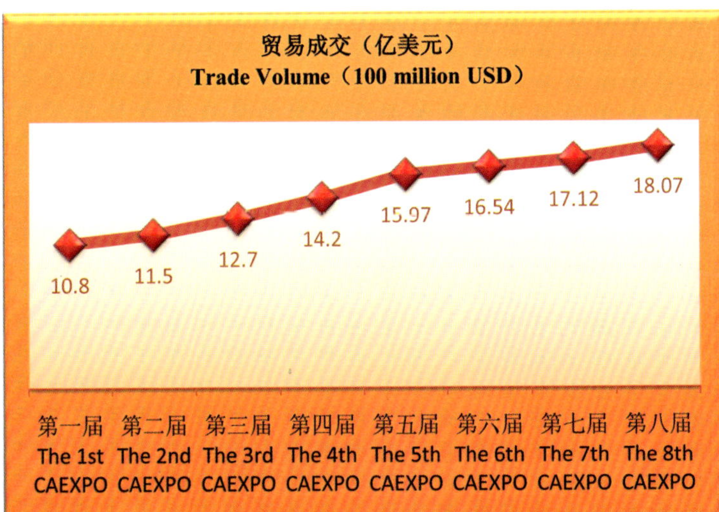
贸易成交（亿美元）
Trade Volume（100 million USD）
10.8
11.5
12.7
14.2
15.97
16.54
17.12
18.07
第一届 The 1st CAEXPO
第二届 The 2nd CAEXPO
第三届 The 3rd CAEXPO
第四届 The 4th CAEXPO
第五届 The 5th CAEXPO
第六届 The 6th CAEXPO
第七届 The 7th CAEXPO
第八届 The 8th CAEXPO

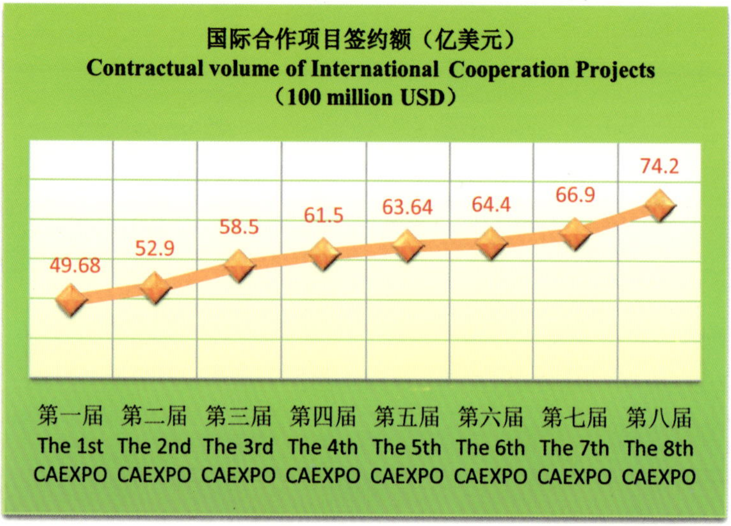
国际合作项目签约额（亿美元）
Contractual volume of International Cooperation Projects
（100 million USD）
49.68
52.9
58.5
61.5
63.64
64.4
66.9
74.2
第一届 The 1st CAEXPO
第二届 The 2nd CAEXPO
第三届 The 3rd CAEXPO
第四届 The 4th CAEXPO
第五届 The 5th CAEXPO
第六届 The 6th CAEXPO
第七届 The 7th CAEXPO
第八届 The 8th CAEXPO

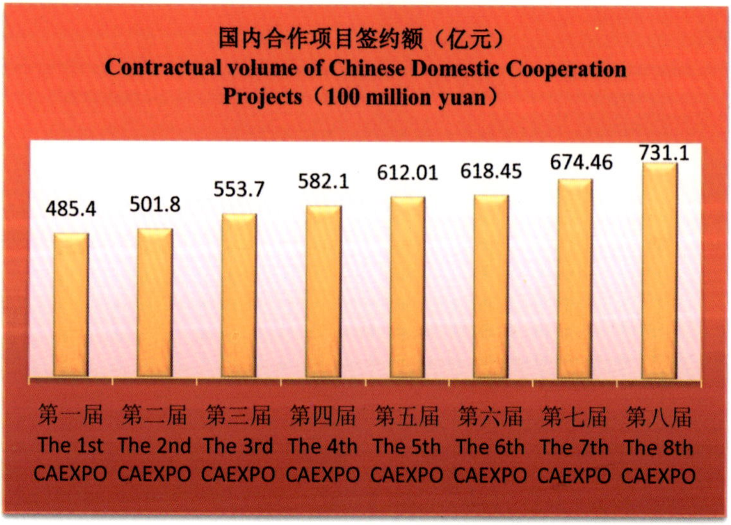
国内合作项目签约额（亿元）
Contractual volume of Chinese Domestic Cooperation
Projects（100 million yuan）
485.4
501.8
553.7
582.1
612.01
618.45
674.46
731.1
第一届 The 1st CAEXPO
第二届 The 2nd CAEXPO
第三届 The 3rd CAEXPO
第四届 The 4th CAEXPO
第五届 The 5th CAEXPO
第六届 The 6th CAEXPO
第七届 The 7th CAEXPO
第八届 The 8th CAEXPO

表8-1 历届参会人士对中国—东盟博览会的评价

The Participants of the China — ASEAN EXPO Overall Evaluation

单位：% (%)

项目 Item	2004	2005	2006	2007	2008	2009	2010	2011
整体的满意度 Overal Satisfaction	**78.9**	**80.0**	**80.9**	**80.8**	**82.6**	**79.5**	**80.2**	**83.4**
会展设施的满意度 Convetion Facilites	85.4	87.2	86.8	86.4	87.5	85.3	85.1	86.8
南宁举办博览会的满意度 Nanning Exposition	87.3	88.2	90.2	89.5	90.3	88.2	89.3	90.3
专业化程度的满意度 Degree of Specialization		72.1	80.8	80.7	82.7	79.7	80.5	82.1
促进自贸区建设的满意度 Promote Free Trade Area		89.6	90.9	89.9	90.4	88.1	88.4	89.2
本届比以前各届的满意度 The Sessions Than Before		78.6	83.7	80.4	81.7	82.0	82.9	85.7
总体效果 Overall Effect	**80.7**	**84.5**	**83.5**	**83.9**	**84.0**	**78.9**	**79.9**	**82.9**
经贸合作机会 Economic and Trade Cooperation Opportunities	75.0	77.0	78.7	80.2	79.9	78.4	78.2	81.9
开展业务往来 Business Contacts	70.3	73.9	84.8	84.9	85.8	80.3	80.5	82.6
市场针对性 Market Targeting			82.3	82.5	82.9	81.1	81.6	84.4
经贸互补性 Trade Complementarity			83.8	83.8	84.0	82.8	83.1	84.8
贸易配对和项目撮合 Trade and Project Matching		76.7	82.2	82.4	82.8	81.4	80.8	83.9
关税互惠影响 Reciprocal Tariff Impact		83.6	84.8	83.8	84.7	79.8	80.4	82.7
达到预期目的 Reach the Expected Goal	71.6	71.8	77.8	79.4	80.2	75.8	75.2	81.7

表8-1 续表

continued

单位：% (%)

项目 Item	2004	2005	2006	2007	2008	2009	2010	2011
会展服务工作 Exhibition Services	**75.4**	**77.4**	**83.0**	**83.5**	**86.0**	**83.1**	**84.3**	**87.2**
接待工作 Reception Work	77.7	78.1	83.0	83.8	85.9	83.1	84.6	86.9
运输服务 Transportation Services	77.9	77.7	79.6	81.0	82.1	79.9	82.7	83.5
口岸通关服务 Customs Clearance Services	79.5	79.9	84.5	86.9	85.9	80.9	85.0	85.2
提供交流和沟通服务 Exchange and Communication Services	69.9	77.4	80.1	79.9	82.5	80.1	80.1	83.7
宣传工作 Propaganda Work	85.3	85.2	87.4	87.1	87.8	87.4	86.2	88.2
安全保卫工作 Safety and Security Work	77.6	83.9	85.9	86.2	89.0	87.4	86.4	88.9
信息通信服务 Information and Communications Services	83.4	84.4	84.7	85.0	85.5	83.2	83.8	85.7
重大活动安排 Major Activities	83.9	84.8	85.4	84.4	85.8	85.0	84.9	86.8
住宿条件 Accommodation Condition	74.9	80.9	82.9	81.8	84.5	82.4	82.2	84.4
饮食安排 Diet arrangement	61.8	79.9	76.0	75.3	76.9	65.9	74.1	75.3
卫生环境 Sanitary Environment		87.4	88.1	87.5	88.8	85.6	86.3	86.3
组织工作便利高效 Convenient and Efficient Organization of Work		76.5	80.2	81.7	82.3	78.9	81.7	83.5

表8-2　中国—东盟博览会举办地（南宁）服务设施情况

Service Facilities of the China — ASEAN EXPO (Nanning)

资料来源：广西壮族自治区南宁市统计局。

Source：Nanning Statistical Bureau in Guangxi.

项目 Item	单位 Unit	2004	2010	2011
宾馆供应情况 Hotel Supply				
五星级酒店 Five Stars Hotel	家 Unit	1	6	5
床位数 Number of Beds	位 beds		3234	3409
四星级酒店 Four Stars Hotel	家 Unit	7	13	12
床位数 Number of Beds	位 beds		5756	6313
三星级酒店 Three Stars Hotel	家 Unit	19	29	28
床位数 Number of Beds	位 beds		7096	7550
交通运输情况 Traffic and Transport Situation				
公路货运周转量 Freight Ton-kilometers of Highways	亿吨公里 100 million ton-km	49	245	315
公路客运周转量 Passenger Turnover of Highways	亿人公里 100 million Passenger-km	93	167	185

表8-2 续表

continued

项目 Item	单位 Unit	2004	2010	2011
港口货物吞吐量 Freight Handled of Ports	万吨 10 000 tons	242	485	494
民用航空航线数 Number of Civil Aviation Routes	条 Line	53	85	96
# 国际航线 # International Routes	条 Line	9	15	12
航空客运量 Passenger Traffic of Civil Aviation	万人 10 000 persons	91	290	334
旅游业发展情况 Development of Tourism				
旅行社数 Number of Travel Agencies	个 Unit	70	81	74
入境旅游人数 Number of Overseas Visitor Arrivals	万人数 10 000 person-times	6.6	16.8	23.6
旅游收入 Tourism Earnings	亿元 100 million yuan	73.1	237.9	312.4
餐饮业情况 Catering Industry				
餐饮业营业额 Business Revenue	亿元 100 million yuan	36.1	73.9	94.6
年末餐饮营业面积 Business Area of Catering Services at Year-end	万平方米 10 000 sq.m		23.8	28.5

第三篇

广西北部湾经济区主要经济指标

Main Indicators of the Guangxi Beibu Gulf Economic Zone

表9 广西北部湾经济区主要经济指标

Main Indicators of the Guangxi Beibu Gulf Economic Zone

资料来源：广西壮族自治区统计局。
Source: Guangxi Statistical Bureau.

区域	Region	土地面积（平方公里）Land Area（10 000 sq.km）	常住人口（万人）Permanent Population（10 000 persons）	
		2010	2010	2011
全　区	Province	236700	4610	4645
六市合计	Total Six Cities	72703	1962.9	1982.6
南宁市	Nanning	22112	666.2	673.4
北海市	Beihai	3337	153.9	155.4
钦州市	Qinzhou	10843	308.0	311.0
防城港市	Fangchenggang	6222	86.7	87.8
玉林市	Yulin	12838	548.7	553.8
崇左市	Chongzuo	17351	199.4	201.1

区域	Region	地区生产总值（亿元）Gross Domestic Product（100 million yuan）		人均地区生产总值（元/人）Per Capita GDP（yuan/person）	
		2010	2011	2010	2011
全　区	Province	9569.9	11714.4	20219	25315
六市合计	Total Six Cities	4275.4	5386.1	139417	180221
南宁市	Nanning	1800.3	2211.5	26330	33018
北海市	Beihai	401.4	496.6	25657	32103
钦州市	Qinzhou	520.7	734.4	16421	23731
防城港市	Fangchenggang	320.4	419.8	37264	48110
玉林市	Yulin	840.3	1032.5	15011	18728
崇左市	Chongzuo	392.4	491.3	18734	24531

表9 续表

continued

区域	Region	财政收入（亿元） Local Government Revenue (100 million yuan)		人均财政收入（元/人） Per Capita Government Revenue (yuan/person)	
		2010	2011	2010	2011
全　区	**Province**	**1228.6**	**1542.5**	**2598**	**3333**
六市合计	**Total Six Cities**	**557.9**	**732.0**	**16838**	**22642**
南宁市	Nanning	300.9	363.5	4401	5427
北海市	Beihai	47.1	57.5	3011	3720
钦州市	Qinzhou	58.4	123.1	1841	3979
防城港市	Fangchenggang	35.1	44.4	4085	5082
玉林市	Yulin	69.0	85.9	1232	1557
崇左市	Chongzuo	47.5	57.6	2268	2877

区域	Region	全社会固定资产投资（亿元） Total Investment in Fixed Assets (100 million yuan)		社会消费品零售总额（亿元） Total Retail Sales of Consumer Goods (100 million yuan)	
		2010	2011	2010	2011
全　区	**Province**	**7859.1**	**10143.5**	**3312.0**	**3860.7**
六市合计	**Total Six Cities**	**3721.1**	**4859.2**	**1606.0**	**1901.1**
南宁市	Nanning	1483.0	2003.7	905.6	1073.2
北海市	Beihai	485.3	603.1	108.0	127.3
钦州市	Qinzhou	451.6	557.8	172.2	204.3
防城港市	Fangchenggang	376.8	490.8	51.8	61.2
玉林市	Yulin	615.6	788.8	307.2	362.8
崇左市	Chongzuo	308.8	415.1	61.1	72.4

表9 续表

continued

区域	Region	出口总额（亿美元）Total Export Value（USD 100 million）		进口总额（亿美元）Total Import Value（USD 100 million）	
		2010	2011	2010	2011
全　　区	**Province**	**96.1**	**124.6**	**81.0**	**108.7**
六市合计	**Total Six Cities**	**72.7**	**52.1**	**46.1**	**73.9**
南宁市	Nanning	15.9	16.6	6.2	8.5
北海市	Beihai	8.4	11.3	5.3	5.8
钦州市	Qinzhou	3.3	8.8	9.9	21.1
防城港市	Fangchenggang	7.8	9.4	20.2	31.6
玉林市	Yulin	3.2	3.4	1.4	2.9
崇左市	Chongzuo	34.2	2.6	3.2	3.9

区域	Region	城镇居民人均可支配收入（元）Per Capita Annual Disposable Income of Urban Households（yuan）		农村居民人均纯收入（元）Per Capita Annual Disposable Income of Rural Households（yuan）	
		2010	2011	2010	2011
全　　区	**Province**	**17064**		**4543**	**5231**
六市合计	**Total Six Cities**				
南宁市	Nanning	18032	20005	5005	5848
北海市	Beihai	16798	18656	5426	6249
钦州市	Qinzhou	17356	19248	5340	6167
防城港市	Fangchenggang	17831	19722	5628	6502
玉林市	Yulin	17642	19590	5302	6269
崇左市	Chongzuo	15620	17301	4621	5370